# 善治微观

## 中国式现代化的黄浦基层治理新实践

中共上海市黄浦区委党校（区行政学院）／编著

上海社会科学院出版社
SHANGHAI ACADEMY OF SOCIAL SCIENCES PRESS

# 前　言

基层治理是国家治理的基石，是实现国家治理体系和治理能力现代化的基础工程。党的十八大以来，习近平总书记对上海城市治理作出一系列重要指示，为上海积极探索符合超大城市特点和规律的中国特色城市治理现代化新路提供了根本遵循。基层是城市治理的基础所在、重心所在、支撑所在。党的工作最坚实的力量支撑在基层，经济社会发展和民生最突出的矛盾和问题在基层。推进基层治理现代化，不仅是全面建设社会主义现代化国家的必然选择，更是顺应人民群众美好生活向往的现实要求。

黄浦最上海，地处上海的中心城区核心区，是中国共产党的诞生地、初心始发地、伟大建党精神孕育地所在区。让生活和工作在黄浦的人民群众更有获得感、幸福感，成为黄浦必须回答的时代之问、人民之问。新时代十年来，黄浦区深入贯彻落实习近平总书记关于基层治理的重要指示精神，积极践行人民城市重要理念，以增进民生福祉为根本，不断创新基层治理的体制机制，着力破解基层治理的痛点、难点、堵点，着力解决老百姓的操心事、烦心事、揪心事，探索了一批可复制可推广的基层治理经验，形成了以"宝兴十法"、"三会"制度、"零距离家园"等为代表的享誉上海的基层治理创新品牌，有效提升了超大城市基层治理的科学化、精细化、智能化水平，为深化推进基层治理体系和治理能力现代化建设打下了坚实的基础。

迈入新征程，党的二十大从全面建设社会主义现代化国家的高度，对基层治理工作作出了新的战略部署，强调要"健全共建共治共享的社会治理制度，提升社会治理效能"，要"健全基层党组织领导的基层群众自治机制""拓宽基层各类群体有序参与基层治理渠道"。为深入贯彻党的二十大精神，总结提炼新时代十年来黄浦基层治理中的好经验、好做法，黄浦区委党校组织教师深入基层一线调研，整理撰写了黄浦基层治理创新的16个典型案例，并结集出版。期望通过本书进一步发挥典型案例的示范效应，促进基层进一步深化现代化的治理实践，努力探索形成更多超大城市基层治理中国式现代化的"黄浦样本""上海样本"，也为全国其他地区推进基层治理现代化提供有益参考和借鉴。

# 目 录

001 | 前　言

## 党建创新篇

003 | "文化思南"：党建引领打造"上海文化"品牌金名片

019 | "滨江党建·金融外滩"：区域化党建模式的建构

032 | 整体性推进商务楼宇党建模式创新的实践探索

047 | 做实楼宇党建品牌　促进楼宇经济高质量发展

061 | 淮海中路街道打造红色信仰彰显地的探索

## 现代治理篇

077 | 不辱门楣　积极探索中国式现代化城市基层治理新路
　　　——黄浦区"零距离家园"工程的实践探索

091 | "三会"制度：全过程人民民主的基层治理程序

105 | "融合式自治"：社区治理法治化的新路径

121 | 协商共治打造南昌路活力街区

## 城区发展篇

137 | 以法治思维打造国际一流营商环境

153 | 外滩第二立面打造城市更新样本

168 | 践行人民城市理念　推进党建引领旧改全周期管理

186 | "宝兴十法"：全过程人民民主破解天下第一难的黄浦探索

199 | 深入推进共同体建设　共建共享人人幸福的和美街区

## 数字赋能篇

213 | 推进生活数字化转型　传递数字服务温度

224 | "云上养老合作社"：数字赋能社区居家养老

238 | 后　记

# 党建创新篇

# "文化思南":
# 党建引领打造"上海文化"品牌金名片

文化繁荣是上海加快建设具有世界影响力的社会主义现代化国际大都市的应有之义。党的二十大明确提出要"围绕举旗帜、聚民心、育新人、兴文化、展形象建设社会主义文化强国",① 对下一个阶段全面建设社会主义现代化国家提出了文化建设维度的要求。位于上海市中心的思南公馆是"上海文化"最具典型性的承载空间之一。作为展示上海近现代文化的"露天博物馆",思南公馆蕴含着丰富的文化底蕴和历史文脉,汇集了多种样态的红色文化、海派文化、江南文化。然而,改革开放以来,随着社会生产力的快速发展,一些传统文化形态的生存空间逐渐被工业化浪潮带来的现代工业文明要素所挤占,城市文化发展趋于同质化,而"绝大部分中心城区恰恰成为文化传统的濒危地带"。②2016 年,为进一步挖掘思南

---

① 习近平:《高举中国特色社会主义伟大旗帜 为全面建设社会主义国家而团结奋斗——习近平同志代表第十九届中央委员会向大会作的报告摘登》,《中国青年报》2022 年 10 月 17 日。
② 游红霞、田兆元:《上海古镇的民俗叙事与"上海文化"品牌塑造》,《华东师范大学学报(哲学社会科学版)》2020 年第 3 期。

公馆的文化资源、拓展上海中心城区的公共文化空间、促进文化与商业的深度融合，"文化思南"区域化党建联席会议成立。"文化思南"以党建引领为导向，以集聚各方力量、整合文化资源、实现共建共享为主线，以深化公共文化服务供给、提升文化治理水平、不断满足人民精神文化需求为目标，着力成为"上海文化"品牌建设的典范。

## 一、背景情况

思南公馆是一片百年人文历史街区，它地处衡复历史文化风貌区，东起重庆南路、南临交通大学医学院、西至瑞金二路、北至复兴中路，思南路贯穿其中。占地面积50 529平方米，地上总建筑面积59 400平方米，其中保留建筑30 310平方米。由51幢经过修缮的历史建筑以及9栋新建筑组合而成，是目前上海市中心唯一一个以成片花园洋房保留保护为宗旨的特色项目。

"文化思南"项目以思南公馆为空间载体得以生成和发展，首先离不开思南公馆作为文化场域所内含的历史人文底蕴；其次，得益于其所在中心城区的区位优势及高素质人群集聚的受众特点；再次，依托思南公馆作为公共文化服务空间在制度、模式上的实践创新。

### （一）历史渊源和人文底蕴奠定天然的文化秉性

思南公馆为"文化思南"提供文化场域。法国学者布迪厄认为，

"场域"是"人与环境相互作用的意义空间"。① 它不局限于物理层面，而是能够在物理空间的基础上拓展为社会意义的空间。思南公馆绝不仅仅是"文化思南"的物理场所，融汇中西的建筑风格与不可复制的人文生命力，使它在历史文脉中舒展而生，成为一张展现上海城市文化特质的名片。这片古老建筑所承载的历史文化缩影和蕴含的人文底蕴，赋予今天的思南公馆天然的文化秉性。

首先，思南公馆的建筑风格集历史与现代于一体，打造了独具一格的地域吸引力。一方面，融汇中西的洋房建筑蕴藏了上海的历史文化记忆，具有深厚的历史渊源。思南公馆的历史可以追溯到20世纪20年代。1920年，随着上海工商业、经济、教育、文化的发展，助推了房地产业的繁荣。1921年，当时的马斯南路（今思南路）一带，大面积的洋楼别墅拔地而起，比利时人开办的义品地产公司在思南路东侧建造了四排共23栋独立式花园住宅，被称作"义品村"，后来成为整个街区的主体。另一方面，后期的精心修缮和运营，为思南公馆注入了现代的活力。历经百年沧桑，思南公馆承载着上海与近代中国的历史文化缩影，也难免留下斑驳的时空印记。20多年前，这里"72家房客"的居住状态，引起了结构混杂、卫生堪忧等问题，历史重建迫在眉睫。1999年，作为上海历史文化风貌区和优秀历史建筑保留保护改造四个试点项目之一，思南路相关花园住宅立项改建，被命名为思南公馆。专家团队秉持着"重现风貌，重塑功能"的理念，从鹅

---

① 转引自周久凤：《"场域"语境下图书馆的文化场域及其建构》，《图书馆理论与实践》2020年第6期。

卵石外墙到老式的门把手和插销，再到屋顶瓦片，最大程度地还原了建筑的原貌，确保"修旧如旧"。经过10年修缮，2010年，思南公馆在历史建筑基础上融入高品质商业、办公、文化功能，基本建成并正式投入运营，成为全新的文化空间。

其次，大批历史名人留下的生活印记使思南公馆拥有丰富的人文底蕴。19世纪30年代，现在思南公馆所在街区陆续建成，马斯南路两旁种植着茂密的法国梧桐，当时处于法租界的核心地带。周恩来、曾朴与曾虚白父子、柳亚子、冯玉祥、梅兰芳等一大批革命家、文学家、艺术家都曾在此留下过生活印记和故事佳话。

### （二）区位优势和受众特点激发广泛的文化需求

黄浦区区位优越，是上海的心脏、窗口和名片，而思南公馆恰恰处于黄浦区的核心地段，这里人才密集、资本集聚、信息交汇。地理位置的优越和高素质受众群体的集聚，使城市公共文化空间在普遍的社会需求中被广泛接受。

首先，思南公馆地处核心商业街区，拥有丰富的商业资源和文化资源。它与北面的淮海路、东面的新天地、南面的田子坊各具特色、相得益彰，形成了庞大的城市文化空间群。同时，思南公馆文化资源汇聚。走在思南路，仿佛行走在一部波澜壮阔的中国近代史中。思南路上，张学良公馆、周公馆、孙中山故居、中共一大会址纪念馆、老渔阳里、邹韬奋纪念馆等，方圆几里范围内汇集的红色文化、海派文化、江南文化资源极其充实。

其次，高素质的青年白领是思南公馆最重要的受众群体。在人们生活水平逐渐提高、物质充裕的趋势下，越来越多的都市人口注重生活品位和文化修养，这使具有强文化属性的思南公馆在常规商业活动以外更加注重公共文化服务项目的挖掘。

### （三）实践创新和制度优化催生党建联建共同体

更好满足群众对高品质精神文化生活的现实需求，是上海文化建设的重要目标。思南公馆以充分发挥文化属性和公共属性、打造公共文化空间为导向，从建成并投入运营开始，便不断创新实践方式。

首先，与文化机构合作激活思南公馆的人文精神，为"文化思南"奠定实践基础。2013年8月，上海市新闻出版局、上海市作家协会共同成立的"思南文学之家"在思南公馆揭牌。从此，上海书展的重要品牌活动——国际文学周以思南文学之家为主题活动场所，在此举办文学演讲等各类文学活动，使这里成为上海作家与世界作家开展对话的公共文化场所。此外，为了将上海国际文学周营造的文学阅读氛围持续化、常态化，为上海城市公共文化注入新的活力，在市委宣传部的指导下，2014年2月15日，思南公馆联合推出了一项公共阅读组合活动：思南读书会和思南书集。通过与文化机构合作，思南公馆标注了一个城市文化新空间，也建构起"文化思南"区域化党建联席会议的雏形。

其次，深化区域化党建格局的制度优化为成立"文化思南"区域化党建联席会议提供重要契机。2014年，上海市委、市政府出台"创新社会治理，加强基层建设""1+6"文件。2015年，上海市区域化党建工作推进会议指出：开展区域化党建工作要始终坚持共治共享理念,充分发挥区域化党建引领作用。始终坚持服务群众方向,切实增强区域化党建服务效能,成为"文化思南"的重要制度支撑。

## 二、主要做法

党的二十大针对新发展阶段推进文化自信自强,铸就社会主义文化辉煌,提出了"建设具有强大凝聚力和引领力的社会主义意识形态""广泛践行社会主义核心价值观""提高全社会文明程度""繁荣发展文化事业和文化产业""增强中华文明传播力影响力"[①]等要求。对上海而言,繁荣发展"上海文化"是推动意识形态工作、弘扬社会主义核心价值观、提升上海社会文明程度、推进上海文化事业产业、推动中华文化"走出去"的关键地域要素。上海市第十二次党代会报告对于进一步发展上海文化提出了具体要求,明确指出:"红色文化、海派文化、江南文化是上海神韵魅力所在,必须充分彰显'上海文化'品牌标识度。"[②] 持续推动"上海文化"品牌建设向纵深发展,深化建设社会主义国际文化大都市,离不开"用好用活红色文化、海派文化、江南文化资源"。[③]

"文化思南"自 2016 年推出到发展形成区域化党建品牌,始终坚

---

① 习近平:《高举中国特色社会主义伟大旗帜 为全面建设社会主义国家而团结奋斗——习近平同志代表第十九届中央委员会向大会作的报告摘登》,《中国青年报》2022 年 10 月 17 日。
② 《上海市第十二次党代会报告》,2022 年 6 月 25 日。
③ 《全力打响"上海文化"品牌 深化建设社会主义国际文化大都市三年行动计划(2021—2023 年)》,2021 年 7 月 30 日。

持公共性与开放性定位，通过挖掘丰富的红色文化、海派文化、江南文化资源，致力于高举党建引领大旗、聚焦群众文化需求、展现上海文化形象，打造上海文化"金地标"。

**（一）组织嵌入：联建共治筑牢文化阵地**

依托思南公馆深厚的历史文化底蕴，在打造思南读书会等一批文化项目的基础上，"文化思南"区域化党建品牌应运而生。2016 年 6 月，在黄浦区委组织部的指导下，由区属国企永业集团党委发起，会同上海新闻出版局、上海市作家协会、上海市科协、上海交通大学医学院、上海瑞金医院、上海广播电视台等 10 家单位共同组织成立了"文化思南"区域化党建联席会议。

党组织嵌入思南公馆公共文化空间建设，不断发挥政党的组织功能，体现了党建引领的根本性地位。在党建联建带动思南公馆文化建设的格局中，党建引领发挥行动倡导、资源整合的重要作用。

首先，"文化思南"成员单位优势互补、合作共赢，构成思南公馆文化治理共同体，为思南公馆公共文化空间建设提供行动倡导。从目标定位看，"文化思南"作为具有全市乃至全国影响力的区域化党建品牌，致力于以党建引领推动品牌升级。从运行机制看，"文化思南"是对传统区域化党建的创新。它突破了传统以地缘为纽带的模式，创造性地依托业缘关系，融合跨界、跨区域、跨系统，建立起"定期交流沟通机制、定期协调推进机制、资源与需求对接机制"，①

---

① 陈怡：《创新区域化党建联建平台 打响上海文化品牌》，《党政论坛》2019 年第 4 期。

共同商议思南公馆文化空间建设的实践路径。从功能优势看，党建引领带动多方协同。一方面，部门间、行业间的阻隔被克服了，通过建立各成员单位定期交流沟通机制、定期协调推进机制、资源与需求对接机制，形成了紧密的党建共同体、资源共同体、利益共同体。另一方面，通过加强与区、街道、居民区三级区域化党建工作平台成员单位的共建活动，"文化思南"平台的辐射力、影响力更加广泛。

其次，各成员单位充分发挥资源优势，使思南公馆公共文化服务供给提质升级、服务空间不断拓展、群众性文化活动持续丰富。6年来，联席会议的"朋友圈"越来越大、整合资源的范围越来越广、合作的层次越来越深。通过引入社会化、市场化、项目化的运营理念和方法，文化思南推出了越来越多"拿得出""叫得响""传得远"的活动品牌，形成"文化思南"IP矩阵。由上海市作家协会、上海市新闻出版局、中共黄浦区委宣传部主办，思南公馆承办的上海公共阅读活动"思南读书会"营造全民阅读的文化氛围；由中共上海市委宣传部指导，中共黄浦区委宣传部、上海大剧院艺术中心和思南公馆联合主办的"思南赏艺会"呈现传统艺术、民族文化的当代美感；由上海广播电视台纪实频道与思南公馆共同建设的文化品牌"思南纪实空间"专注纪录片在文化空间的展示传播；由上海市科协、永业集团联手黄浦区科协打造的"思南汇科厅"面向公众推出精品科普活动，形成全新科普文化阵地……这些深受群众欢迎和喜爱的文化品牌群，均由各成员单位通过资源整合、利益协调，引领共建共治共享的思南公馆文化建设格局。

**（二）方向把控：政治引领铺就文化底色**

"文化思南"坚持把加强政治引领、激活红色基因、激发文化自信、弘扬社会主义核心价值观作为根本立足点。加强党对"文化思南"的政治引领，不仅仅是简单的行动倡导，而是要把党关于社会主义文化建设的各项方针政策贯彻到"文化思南"品牌的建设中去。

"文化思南"以习近平新时代中国特色社会主义思想为指导进行文化建设，坚持举旗定向，坚定文化自信，坚守党在意识形态领域的领导地位。

首先，"文化思南"充分挖掘红色文化资源，彰显"凝心铸魂"作用。2018年适逢《共产党宣言》问世170周年，"文化思南"在思南书局正式营业之际，推出首场主题活动"从布鲁塞尔到上海——《共产党宣言》170周年主题展"，凸显上海作为《共产党宣言》这部马克思主义经典著作中文全译本诞生地所蕴含的红色文化魅力。同时，"文化思南"充分发挥周边中共一大会址、周公馆、渔阳里等红色资源集聚的优势，推出"聆听思南故事"行走的党课、"梧桐树下的红色旋律"主题导览等品牌项目。2021年，在庆祝中国共产党百年华诞的历史时刻，以思南书局快闪书店的微型空间为底板，"思南·初心书房"作为红色文化主题互动体验活动拉开序幕。从渔阳里出发，初心书房为上海呈现100天亮丽、流动的红色书香风景线。这一活动获得广泛关注。人民网、新华社、学习强国等媒体报道的累计阅读关注量超过540万人次，激活了"文化思南"发展的红色引擎，使其成为文化资源教育党员、激励群众、引领社会的重要平台。

其次，"文化思南"坚持生动讲好思南故事，持续推动文化的国际传播能力建设，提高思南文化"走出去"的能力。党的二十大要求"不断提升国家文化软实力和中华文化影响力"。①2019年10月，思南读书会作为"中华走出去"项目，亮相第71届德国法兰克福国际书展，成为登陆国际主流书展的第一个中国本土读书会品牌。专场活动以"从上海到法兰克福——全球视野下的文学交流和阅读推广"为主题，致力于讲好中国故事，成为"文化思南"走出去的一次重大突破。书展副主席托马斯·明库斯曾在上海参观过思南读书会和思南书局，他在现场给"思南读书会"以充分的肯定："阅读推广非常重要，在北美、欧洲以及全世界都是这样，读书会是最美妙的阅读推广方式，可以更好地认识作者，互通有无……期望思南读书会能走到世界的每一个角落。"②

再次，"文化思南"进一步强调遵守中华优秀传统文化传承体系，加强对历史建筑与历史风貌区的有机保护和活化利用。"文化思南"充分挖掘历史文化资源，提升"建筑可阅读"水平。2016年12月，思南露天博物馆正式开放，作为中国第一座露天博物馆，它没有橱窗和围墙，而是将历史建筑及经典故事作为藏品，向来往的行人开放。散落在这座开放式露天博物馆的26件"展品"都有专属二维码，游客能循着这些"标记"看到其背后的历史和人文印记。同时，在用好思南公馆固有资源禀赋的基础上，思南露天博物馆敞开大门，赋予社会公众以讲解权。每月一次的"SINAN WALK 素人导览"项目吸

---

① 《高举中国特色社会主义伟大旗帜　为全面建设社会主义国家而团结奋斗——在中国共产党第二十次全国代表大会上的报告》，人民出版社2022年版，第43页。
② 《思南读书会首办海外专场，"上海早晨"亮相法兰克福书展》，https://www.soho.com/a/3477203071_260616。

引了摩登达人、思南"粉丝"等从事各类职业的素人带领游客阅读思南。他们从文学、历史、音乐、城市更新、文化传承等各种视角解读思南，挖掘了思南的多元性，更彰显了思南的开放性。

**（三）实践导向：服务群众彰显人民本位**

惠民利民是"文化思南"的实践导向。"绘就既有缤纷'高大上'，又有浓郁'烟火气'"的生动景象，是黄浦的发展目标，也是"文化思南"的追求。近年来，"文化思南"以文化惠民为价值导向，进一步延伸服务阵地。通过联合黄浦各街道、社区，根据实际需求集成资源，"文化思南"将"高大上"的活动办进社区，更把温暖、情怀送入社区，为社区居民营造了独特的文化氛围。

近年来，"文化思南"服务社会治理的溢出带动效应有了更丰富的纬度。依托"文化思南"区域化党建联席会议成员单位建设基层社会治理共同体，加强与区域街道、楼宇联动，推动"思南读书会""思南健康学堂"等"文化思南"品牌项目，常态化为社区、为楼宇、为商圈送文化、送健康、送科普，助力打通公共文化产品配送"最后一公里"。

"双减"政策以后，如何让亲子时光更加快乐且有意义，成为许多家长关心的问题。对此，2021年9月，"文化思南"携手上海文艺出版社，特邀著名儿童文学作家萧萍与10组儿童家庭开展"成长1+1"读书分享会。对家长和孩子来说，足不出户便能与著名作家面对面交谈，是一次不可多得的机会。一场读书会下来，他们在互动交流中收获满满。类似这样的活动，"文化思南"联合黄浦区各街道，短短几个月的时间里接连开展了多场。2022年的1月31日是农历的小年，这一天，黄浦区的老西门街道格外热闹。"文化思南"联合老西门街道，打造了一场独具"黄浦年味"得春联大会，出自黄浦区书法家协会的一幅幅红红火火的春联，把老城厢装点得喜气洋洋，使城市生活有了烟火气。对于许多疫情阻隔下无法和亲人团圆的人来说，这场大会打开了他们心中的"'厢'思结"。

健康服务层面，2015年，永业集团与上海交通大学医学院联合推出"思南健康学堂"，谋求更好地为广大民众的健康需求服务。2017年起，每年的学雷锋日，上海交通大学医学院的青年医生都会定时定点在思南公馆小广场开展"杏林春暖，健康思南"学雷锋义诊活动。2022年，"思南健康学堂"进一步改版升级，成为黄浦区区域化党建6个重点项目之一。为聚焦群众普遍关注的健康问题，精准服务群众文化健康需求，"思南健康学堂"让医生走出校园、走出医院，进驻社区，在五里桥街道设立了首个社区实践点，为引领健康风尚，提升老百姓的生活品质赋能加力。持续拓展的公共性、公益性，让"文化思南"惠及更多群众，更好地融入了公众生活。对老百姓来说，"文化思南"把活动办到了老百姓的心窝里，点燃了多样化群体参与社区活动的积极性，既满足了老百姓的精神文化需求，又有助于激发出"人人都是软实力"的生动局面。

## 三、经验启示

经过多年的实践探索，"文化思南"已然成为黄浦，乃至上海一张响亮的上海文化新名片。6年来，"文化思南"依托思南公馆得天独厚的文化空间载体，依靠同心同向的文化事业纽带，实施持续创新的文化品牌战略，面向公众累计开展精品文化活动 4 000 余场，覆盖线上线下人群超过 4 000 万，巩固深化和创新拓展了思南读书会、思南赏艺会、思南城市空间艺术、思南夜派对、思南汇科厅等近 20 个深受群众欢迎和喜爱的文化品牌项目，在服务凝聚群众、提升经济效益、助力社会治理、提高党建工作质量等方面取得显著成效。先后入选全国城市基层党建理论研讨会考察点、案例选和中国（上海）社会治理创新实践十佳案例等。其成功的经验何在？

**（一）党建引领、资源互通是"基"**

"文化思南"从实际出发，对传统区域化党建模式进行了创新。

首先，聚焦文化事业形成的以业缘关系为纽带的区域化党建模式，加大了资源、服务和管理的整合力度，形成庞大的党建联建共同体。通过将党建领域所集聚的多方力量放大并拓展成为公共文化空间建设的多样化资源，激发出基层党建重要的功能价值。

其次，思南公馆"姓公"，为党组织嵌入、党建共同体的生成提供属性基础。"'文化思南'品牌建设之所以得到广泛的认可，跟思南公馆产权公有的属性有密切的关系。思南公馆的改造运营过程中，始终坚持不出售原则，坚持公有属性，才能保证在开展各类项目活动中的公共性、开放性。"[①] 也正是由于思南公馆的公有属性，保证了"文

---

① 中共上海市黄浦区委党校：《上海市黄浦区城市基层党建探微》，上海人民出版社 2018 年版，第 20 页。

化思南"区域化党建联席会议组织开展过程的顺畅有序。实践表明，区域化党建不仅仅局限于一地一域一行，应当把跨行业、跨系统、跨区域的资源统筹起来，推动构建"互联互补互动的党建新格局"。

### （二）政治定向、文化赋能是"魂"

党的二十大报告提出："我们要坚持马克思主义在意识形态领域指导地位的根本制度。"①全球化背景下，多元文化裹挟着各种社会思潮，冲击我国主流意识形态的主导地位。中国共产党第十九届中央委员会第六次全体会议通过的《中共中央关于党的百年奋斗重大成就和历史经验的决议》指出：意识形态工作是为国家立心、为民族立魂的工作，文化自信是更基础、更广泛、更深厚的自信。②社会主义文化的繁荣发展离不开意识形态凝聚力的强化，更离不开高度的文化自信。

"文化思南"开展的公共文化活动始终坚持以主流意识形态为主导，不断加强党的政治引领。吴云书记在"文化思南"区域化党建联席会议第七次全体会议上强调："要坚持举旗定向，传承红色基因，唱响时代最强音。"弘扬社会主义核心价值观是"文化思南"的根本立足点，也是"文化思南"始终坚持先进文化前进方向，保持文化服务公共性、公益性，提升公共文化服务治理水平的重要原因。

用好资源禀赋、挖掘文化基因、提升文化标识度，以文化发展焕发思南公馆繁华气象是"文化思南"多年来始终不渝的坚持。上海市

---

① 《高举中国特色社会主义伟大旗帜　为全面建设社会主义现代化国家而团结奋斗——在中国共产党第二十次全国代表大会上的报告》，人民出版社2022年版，第43页。
② 参见《中共中央关于百年奋斗重大成就和历史经验的决议》，人民出版社2021年版。

第十二次党代会明确提出,要"始终坚持将打响'四大品牌'作为提升城市能级和核心竞争力的重要抓手"①。"文化思南"为打造"上海文化"品牌增添了重要一笔,它不是简单的"网红打卡地",而是传承红色文化、海派文化、江南文化的有机载体,同时也是激发文化自信、弘扬社会主义核心价值观的重要平台。由此,使其在文化建设中激发出强大动能,释放出街区发展的巨大活力。

### (三)惠民利民、助推治理是"本"

人民向往的美好生活,既要有物质生活的丰富,又要有精神生活的富足。《全力打响"上海文化"品牌深化建设社会主义国际文化大都市三年行动计划(2021—2023年)》指出,全面助力上海城市软实力提升,要"以推动高质量文化发展、引领高品质文化生活、优化高水平文化供给、实现高效能文化治理为导向"。②满足人民群众的高品质文化需要,为"文化思南"在公共文化服务方面的高质量发展提供方向指引。"文化思南"为"满足人民文化需求、丰富人民精神世界、增强人民精神力量"持续助力,体现了极强的人民性、公共性、公益性。实践证明,坚持文化惠民,回应并解决人民群众日益多元化的文化诉求,以人民群众的精神文化需求为导向延伸服务半径,强化服务能力,不断扩展公共文化平台,尽可能提供更为丰富的服务内容,才能进一步实现公共文化空间的精准化服务。

---

① 《上海市第十二次党代会报告》,2022年6月25日。
② 《全力打响"上海文化"品牌 深化建设社会主义国际文化大都市三年行动计划(2021—2023年)》,2021年7月30日。

对思南公馆来说，20年意味着蜕变和新生。10年精心修缮，10年匠心运营，折射出巨大的品牌效应。依托党建引领助力上海文化品牌提质升级，"文化思南"必将以"不辱门楣"的工作业绩擦亮上海文化品牌亮丽名片。

（苏长恒）

# "滨江党建·金融外滩"：
# 区域化党建模式的建构

外滩是黄浦区的知名地标，享誉全球，见证了上海金融业的起源。3里长的江边弧线，汇集了上千家金融机构，被称为中国现代金融业活化石，外滩也逐渐成为黄浦区金融业的主体。2009年，外滩被赋予了新使命——"外滩金融集聚带"诞生。"外滩金融集聚带"，是上海国际金融中心建设的核心功能区和服务科创中心的主阵地，是上海国际金融中心建设"一城一带"的核心功能区。十几年过去了，这条"金腰带"如何做深、做长、做厚，如何贯彻落实好党的二十大报告所指出的"要增强党组织政治功能和组织功能，推进金融企业在完善公司治理中加强党的领导"，从而进一步发挥区域内金融要素集聚、机构体系健全、产业资源丰富、综合生态完善等禀赋优势，成了一个新课题。

## 一、背景情况

黄浦江是上海的母亲河，也是城市的生命线，承载着人民群众对美好生活的向往。2017年10月，黄浦滨江8.3公里公共空间贯通，滨江岸线就成为集办公、休闲和商业服务为一体的综合性功能区域。

黄浦区委坚持"党员群众在哪里,党建工作就跟进到哪里"的理念,以党建引领和助推滨江治理水平提升为目标,黄浦区滨江党建区域化联席会议应运而生,"人民城市"重要理念有了现实载体,由此滨江党建和城市发展、人民福祉融合共生、同向而行。

现实考量:随着滨江党建的不断发展,引发了新的思考:黄浦区面积仅20.52平方公里,但区域经济密度极高,金融是支柱产业,有660余家持牌金融机构汇聚于此,落户上海的14家国家级金融要素市场中有6家也在这里,这些重量级金融机构大部分集聚在滨江沿线,它们虽与属地区在行政、资产关系上互不隶属,但在共同推进党的建设、服务人民群众等方面,有共建共享的客观需求。在这样的问题意识导向下,2018年12月,黄浦区委立足上海金融中心发展战略及外滩金融集聚带资源优势,以推动滨江党建向更高层面的产业发展助力为目标,联合区域内诸如黄金交易所、上海清算所、上海票交所等标志性金融机构,金融学术机构和部分街道党组织,成立了"滨江党建·金融外滩"区域化党建联席会议。由此,外滩滨江沿线不同的产业形态与组织规模的成员有机组合,推动资源整合、优势互补、需求对接、合作共赢,助推滨江党建工作更好服务金融特色区域经济,更好服务外滩金融集聚带建设。

理论依据:其一,区域化党建是各主体实现联动发展的有效路径。区域党建的价值核心就是实现区域内各级党组织"多元、多边、多层次"的联动发展。在经济社会转型的大背景下,区域发展内容呈现多元化趋势,既有组织内生性的,又有组织外生性的;区域发展形式呈现多边联动格局,既有单位与单位之间的双向互动,又有单位与区域之间的多边联动；区域发展的空间呈现多层形态，既有地区与单位的层次，又有基层与部门的层次。要实现地区各领域组织党的建设的"多元、多边、多层次"联动发展，科学而有效的途径就是实现共建联建。构建联动发展的区域党建新格局，就是立足全局、平等发展，逐步实现区域内社区党建、单位党建、行业党建、机关党建、"两新"党建等各领域党的建设向注重区域联动、"条""块"联动、多边联动为主转变，推动区域党建一体化发展。

其二，区域化党建是党组织实现自我转型的现实需求。区域党建创新是党的建设的社会化、区域化的生动实践，是破除"区属"围墙，突破体制束缚，构建区域党建的现实需要，也是党的组织实现自我转型的内生性需求。其现实意义可以归纳为四个方面：（1）有利于打破"单位制"党建下的资源分割、线性管理的局限，使党建资源利用效率最大化，形成党建工作的最大合力；（2）有利于打通不相隶属党组织之间的壁垒，使不同建制、不同系统的党建体系有机结合，形成扁平化协同发展新机制；（3）有利于破解区域党建重点、难点、热点问题，构筑左右联动的党建工作平台，找到各自着力点，增强工作的有效性；（4）有利于突破传统的封闭狭窄的工作格局，促进单位党建和区域党建的联动，形成党建工作的开放式模式或体系。

## 二、主要做法

### （一）举旗：立足服务金融"风向标"

习近平总书记强调，"金融是国家重要的核心竞争力……必须加强党对金融工作的领导"①"要处理好党建和业务的关系,坚持党建工作和业务工作一起谋划、一起部署、一起落实、一起检查"。②这些重要论述既指明了金融对于国家经济的重要性,又阐释了党建工作与金融业发展的辩证关系。

"滨江党建·金融外滩"党建联席会议从成立之初就明晰自身目标与使命,即通过党建引领促进金融业发展,通过目标理念的一致,以构筑一种以党的组织系统为互动枢纽的社会"有机团结"。例如,打造"金融外滩"智库品牌,搭建智库共享平台,共同探究国际金融发展趋势,求解国内金融发展问题;打造"新时代 新金融 新外滩"党课品牌,围绕"新中国金融发展简史"主题开展专题党课,通过对新中国金融史上发生的重要事件、重点人物的介绍,阐述了中国金融制度、金融体系、金融活动发展演进的历史,展现客观描述、真实记录的新中国金融业发展史。举办党史学习教育联组学习报告会,区委组织部,成员单位黄码头公司、外滩投资集团、久事投资、联席会议秘书处联合主办,特邀井冈山革命博物馆研究馆员来沪作"跨越时空的井冈山精神"专题讲座,大力传承红色基因,不断提升金融文化软实力。携手"健康黄浦·医联党建"区域化党建联席会议,联合黄浦区香山中医医院、上海市中医文献馆、上海报业集团海上名医共同承办"健康黄浦·医联党建"——"金融外滩"滨江楼宇白领专场,面向不同类型、不同需求的金融成员单位,分层分类提供更好的健康

---

① 《全国金融工作会议四项重要原则引业界热议》,《中国基金报》2017年7月17日。
② 习近平:《在中央和国家机关党的建设工作会议上的讲话》,《求是》2019年第21期。

类项目，关注金融白领实际需求，把区内优质医疗服务资源送到白领身边，为金融白领的健康保驾护航，增强金融党员对党组织的黏合度。成立"金融研修院"，解决金融业关于人才成长的共有难题，借助复旦大学泛海国际金融学院教育培训专业优势，面向成员单位的中高层管理人员、优秀业务骨干，邀请成员单位中兼具理论基础与实践经验的专家学者为学员授课，既有金融科技、科创板注册制等前沿金融知识，又有商务谈判等职场必备技能培训，还有人文复旦等多元化学习，加强对金融人才的政治引领、组织凝聚和能力建设，以党建共同体引领建设休戚与共的金融发展共同体。同时"智力溢出"方式也展现出用区域资源共育人才的新生态，建构出党建+业务双融双促的滨江党建新版本。

**（二）铸魂：激发多元协同"动力源"**

跨界治理的难题之一就是如何克服边界效应。一般而言，跨界治理涉及不同区域、部门、领域主体之间的联动、整合与协作。跨界治理的边界效应包括政府间、政府与市场间、政府与社会间、不同政策领域间等。边界效应的客观存在容易造成参与跨界治理的多元主体陷入权力交叉、职能不清、利益分歧、责任虚化等多重困境，进而产生"集体行动的困境"。边界效应的存在意味着政府、市场、社会中的任何一方都无力独自应对跨界治理带来的现实挑战。"滨江党建·金融外滩"打破体制、隶属、级别壁垒，区别于传统一核多元方式，采取党委支持，国企孵化的模式。党委"搭台子"，国企"撑场子"但不唱"独角戏"，成员单位中有知名证券保险基金投资机构、跨国民营企业等基层党组织，也有金融学术机构和街道党组织，没有体制界限，平等独立，共商共建共享，进一步在互联互动上再深化，增强党建工作整体效应，走向相融共生，坚持双向用力、同向发力的实践，把隶属不同系统、掌握不同资源的党组织整合成为紧密型的党建共同体、资源共同体、利益共同体、发展共同体。

一方面，多元协同破解治理困境，共绘城市发展蓝图。通过举办论坛、讲堂、沙龙等活动，为解决城市高质量发展中的瓶颈共谋策略。例如外滩"第二立面"更新问题。作为上海第一地标区域，外滩50.93万平方米的土地上共有30个历史风貌街坊、177幢历史建筑。对这些老建筑的保护与开发，是城市有机更新和外滩金融集聚带建设的必然要求。目前，保护开发已从临江的"第一立面"向西侧的"第二立面"建筑群纵深推进。外滩"第二立面"城市更新是上海打造世界级城市会客厅的点睛之笔，具有战略意义。但第二立面范围内有老大楼150余幢，项目推进中资金问题是主要瓶颈之一，亟须金融创新。面对这样的困境，"滨江党建·金融外滩"区域化党建联席会议主动筹划，通过开设"金融创新助推外滩第二立面城市更新"专题论坛方式，把脉问诊，联席会议成员单位邀请城市规划设计、投融资、资产管理领域的专家及专业人士，聚焦金融创新助力城市更新这一主题展开深入研讨，就如何拓展融资渠道、如何优化资金结构等痛点难点问题共商共议，探索以金融创新为外滩"第二立面"城市更新提供新思路与新途径，成为区域化党建向城市功能区、产业集聚带聚力的一次有益探索，依托党建平台，打破行业和条线壁垒，资源共享，为外滩金融集聚带建设凝心、汇智、聚力。

另一方面,多元协同丰富交流渠道,多点发力凝聚党建合力。"滨江党建·金融外滩"区域化党建联席会议成立以来,注重对接企业白领和党员群众的高品质精神文化需求,林肯爵士乐上海中心是上海"演艺大世界"的重要组成部分,其开设的"与大师对话"项目是"滨江党建·金融外滩"推出的文化品牌之一,至今已举办多场精彩活动,吸引了诸多音乐爱好者。同时,以改革开放40年、庆祝中华人民共和国成立70周年等为主题,举办摄影展、艺术展、阅读建筑文化交流、城市定向赛、音乐党课、邮票党课、小说首发式等活动,改善了党建氛围不浓、党建载体不活、党组织虚化弱化等基层党组织的共性难题,实现了党建引领与文化需求有效对接,丰富拓展了党建引领产业发展的内涵。

**(三)创新:探索运行模式"新途径"**

首先,"滨江党建·金融外滩"区域化党建联席会议创新组织架构。面对新的时代条件,党建联席会议积极顺应形势发展,推动党建联席会议组织架构供给侧结构性改革,以创变思维谋求组织革新,实现内部组织机构的新陈代谢,建设适应新形势、承担新使命的载体,并使之成为代表党建引领产业发展的的资源中心、价值中心和能力中心。联席会议设轮值主席和秘书处,轮值主席机制以G20轮值模式为参考样本,探索出"三驾马车"新形式,每届有三名轮值主席,当届轮值主席牵头主持工作,前任和后任分别发挥参谋与见习作用,形成以老带新、平稳过渡的轮值机制。

其次,组织架构搭建的同时着手建章立制,制订了《联席会议章程》，明确金融特色，制定六项工作机制，即联系沟通机制、需求征集机制、项目化运作机制、互联互通机制、评议激励机制和经费保障机制，将有相同价值理念的党组织联动起来，使各项工作的推进落实有章可循，加速成员单位从"相加"迈向"相融"。既有观念上的"融"，各区域单位对黄浦的认同感进一步加强，主动参与区域化党建活动的积极性进一步提高；还有资源上的"融"，各驻区单位积极分享自家核心资源；最后是发展上的"融"，制度建立为"滨江党建·金融外滩"区域化党建联席会议从"物理整合"向"化学聚合"的跃升提供保障。

再次，"滨江党建·金融外滩"区域化党建联席会议以供需侧思维主导实施项目化方式运作。比如，南外滩区域金融白领具有工作地附近开展学习交流和文体活动的强烈需求，"金融品巷"项目就因需而生。外滩投资集团联合黄码头公司、小东门街道打造出金融品巷·零距离党群服务站，站点内共设7个空间，包括24小时自助区、活动区（红色家园、创益咖啡、骑行加油站等），集聚党群服务、休闲活动和公益服务。同时，服务站积极承接楼宇党建活动和其他类型的活动，如上海票据所联合小东门街道等，在站内临展区布置了"72追寻红色足印　定格身边之美书画摄影展"；东方证券每周一举办"外滩思想汇"活动；站内的"职工书屋"空间，目前已购置一批纸质书供免费阅读，在站点500米范围内，楼宇内白领还可以享受到喜马拉雅App会员服务。除此之外，外滩投资集团联手太平洋保险集团推出金融品巷·藤蔓花园，花园占地面积1 616平方米，既为市民和白领提供观赏风景、放松身心、了解外滩历史、普及金融知识的休憩休闲场所，又汇集展示"滨江党建·金融外滩"成员单位的品牌项目。一个"党建为引领，金融为特色，人文显魅力，发展具活力"的新地标和生态圈就有了雏形。又如，面对当前地铁公交与商务楼之间的"最后一公里"尚未完全打通，无法满足众多金融白领的通勤需求这一难点问题，"南外滩金融白领定制巴士"项目正在如火如荼推进，以实际服务切实提升外滩金融集聚带的企业员工获得感和幸福感。"滨江党建·金融外滩"同时并行开发了其他类型项目，每一个项目都紧紧围绕"滨江党建·金融外滩"区域化党建联席成员单位、联建共建单位的实际需求，使得联席会议真正成为共享资源的平台与展示成果的舞台。

### （四）开拓：搭建公益担当"连心桥"

"滨江党建·金融外滩"区域化党建联席会议不断探索丰富党建活动内容，主动将社会责任融入区域化党建联席，积极开展党建引领基层治理的生动实践，切实提升党组织服务党员群众的精准性、实效性，着力打造党建引领下的公益联合体，在公益实践中体现党组织的使命担当，创造更大社会价值。聚焦新冠疫情，"滨江党建·金融外滩"区域化党建联席会议内各重量级、功能型金融机构以党建为引领、为纽带，协同抗疫、共渡难关，一手抓防疫、保安全，一手保金融、促稳定，为保障金融功能有效运转和维护市场经济稳定发挥了重要作用。在区委组织部指导下，"滨江党建·金融外滩"区域化党建联席会议秘书处发挥主观能动性，由成员单位北京国枫（上海）律师事务所主办线上公益讲座，以"后疫情时期，如何维持房屋租赁市场和谐稳定发展"为主题,从疫情免租政策解读及适用条件、免租争议在司法实践中的裁判观点、免租争议焦点问题的归纳及建议等方面为大家释疑解惑。讲座不仅分享了后疫情时期房屋租赁市场的现状,更对未来住房租赁行业的和谐稳定发展提出了建设性的想法及建议。展现了发挥专业优势,用区域化党建的创新成果推动黄浦经济社会的高质量发展。聚焦乡村振兴,发起"有爱同行共创未来——金融外滩公益计划",积极支援黄浦区对口地区脱贫攻坚项目。截至2020年底,成员单位共认领了50多个项目,金额400余万元。助力乡村振兴发布"对口帮扶之窗"项目,由区委组织部指导,上海票据交易所、区合作交流办、小东门街道、外滩投资集团共同举办,以党建为引领,充分发挥黄浦大市场、大平台、大流通的优势,携手社会多方力量,共同做好消费帮扶助力乡村振兴大文章,助推形成城市居民买到好东西、扶贫产品卖出好价钱、产销对接形成好机制的良好态势,共同推动对口帮扶工作向更高层次、更广领域拓展。未来,将通过"对口帮扶之窗",把产业帮扶展示、人才互动交流、非遗文化演绎等元素融入党群阵地,成为展示对口地区乡村振兴的窗口。聚焦社会公益,结合"金融品巷·藤蔓花园"建设,推出"滨江党建·金融育才"公益项目,用以扶助黄浦区贫困少年儿童。截至2021年3月,已募集资金10.4万元,将帮扶50余名贫困少年儿童。聚焦新群体,金融品巷"零距离"党群服务站以快递、外卖群体为切入点,打通行政管理力量与社会力量的壁垒,在党群阵地的前台设立了骑士能量"加油"站和"回血"能量"buff",让骑士"小哥"感受到人民城市的温暖,为探索党建引领新业态高质量发展、提升新就业人群获得感提供了新思路。

## 三、经验启示

"滨江党建·金融外滩"区域化党建联席会议自成立以来，一方面，立足外滩金融集聚优势，实现了滨江党建向更高层面的产业集聚、更广领域的资源整合，成为实践新时代城市基层党建要求的一个崭新范例；另一方面，着力于以党建促共建、以共建促发展，充分发挥红色引擎作用，共同推进外滩金融集聚带建设，助推黄浦金融服务业健康平稳发展。其勃勃生机背后的深层逻辑，可以归结为如下四方面。

### （一）多元共治是党建引领产业高质量发展的重要基石

在党建领航产业发展过程中会涉及不同主体的多重价值理念，党建引领就是要将这些多重价值理念的分歧缩减到最小，将各个治理主体的偏好进行凝聚，推动各个主体在交流和沟通中凝聚偏好，构成各个主体均认可的价值共识。以党建引领来带动社会、市场等力量的成长，最终形成多元共治的协同局面。"滨江党建·金融外滩"破除壁垒边界形成共同体，围绕金融主题，推动资源整合和需求对接。这个大平台把隶属于不同系统、掌握不同资源的党组织整合为紧密型党建共同体、资源共同体、利益共同体，推动党建引领、社会责任与企业自身发展深度融合，形成各方协同的"最大公约数"，实现政治领导力、思想引领力、群众组织力、社会号召力的不断提升。

### （二）创新机制是党建引领产业高质量发展的核心支撑

在党建领航产业发展过程中，顺利运行的核心是不同子系统之间能在动态运行的过程中保持同步耦合，因而通过机制创新可以按照各主体功能互补的要求，厘清各自的定位，明确各自的职责与功能，打造一个功能相互支撑的平台体系，从而充分调动各主体参与城市基层治理的积极性，激发平台自治功能，提升其自治能力，并且利于形成多者互补的功能框架，明确各自的优势，形成优势互补体系，进而避免主体之间的功能重合及资源浪费。"滨江党建·金融外滩"一方面重塑组织架构。只有创变组织架构，才能打破机构壁垒，软化组织边界，形成集体协作的战斗堡垒，创造出超级协同的联动模式，建成互相成就的"赋能中心"，实现组织利益最大化。壁垒是最大的成本，协同才是最大的优势。"滨江党建·金融外滩"党建联席会议通过搭建全新组织架构，发挥党组织点多、线长、面广、跨界的优势，实现克服跨界治理碎片化、提升跨界治理整体效能的现实目的，强调"共同体"的概念，激发了主体活力和成长性，使得联席会议沉浸在被赋能的文化中，催生出源源不断的发展动力。另一方面，构筑协同机制。协同机制的建立与优化，直接影响到党建联席会议的管理体系、发展模式以及发展动能。"滨江党建·金融外滩"推动各成员主体在内容、渠道、平台、经营、管理等多方面协同发展，深度融合，进一步增强联席会议的传播力、引导力、影响力，促进各要素职能发挥，形成党建合力。

### （三）问题导向是党建引领产业高质量发展的内驱动力

在党建领航产业发展过程中，"以问题为导向"是推动党建联席会议工作不断取得新成效的关键。"滨江党建·金融外滩"着眼于城市发展新问题、新形势,建立双向认领工作机制,建立健全项目服务机制,在解决实际问题中切实提升各方的获得感和满意度。一方面,聚焦服务于产业发展,为助推外滩金融集聚带建设向前一步主动谋划,助力金融业实现从资源集聚到功能提升,从规模扩大到质量提升,从高速发展到高质量发展的全面转型升级;另一方面,聚焦服务于人民,联席会议精准对接需求,让金融行业各方主体借助党建平台深入群众、服务群众,因此具有更为稳固的内生动力。

**(四)丰富载体是党建引领产业高质量发展的重要依托**

在党建领航产业发展过程中,通过工作载体不断创新,为党建联席会议工作开展持续注入新的活力。"滨江党建·金融外滩"将党建工作与自身发展、产业发展与城市发展紧密结合起来,在实践中开拓载体创新的途径。一方面,紧紧围绕党的政治路线。围绕党的政治路线开展党的建设,是党建工作的根本要求。突破"就党建抓党建"的思维模式,最重要的一点就是把实践党的纲领与加强党的自身建设结合起来,践行"围绕中心,服务大局"的大党建观,把党建工作置于生动的社会实践中。另一方面,积极适应环境的变化。随着形势发展,联建联席会议活动新载体也不断出现,以新探索回应新形势下的新要求。

(付 羚)

# 整体性推进商务楼宇党建模式创新的实践探索

社会治理是国家治理的重要内容，商务楼宇党建是区域化党建在基层实践的重要形式。党的二十大报告指出，"完善社会治理体系""健全共建共治共享的社会治理制度"。在大党建的整体性思维和区域化党建的整体性框架下，迫切需要在城市商务楼宇中发挥党建引领作用，整体性发挥商务楼宇党建的效用价值，把基层党组织建设有机嵌入基层治理，这成为新时代加强城市基层党建的重要课题。一方面，发挥基层党组织的引领性作用和统合性功能，从而体现商务楼宇党建的整体性特征，推动模式创新成为楼宇党建的一种重要路径选择；另一方面，深入推进商务楼宇党建与基层治理有机融合，促进楼宇党建在基层治理中发挥整体性作用，着力破解城市基层治理难题，有序推动经济社会可持续健康发展。

## 一、背景情况

超大城市在区位优势、资源禀赋、集聚效应、财富积累等方面相较于其他城市具有一定优势是不言而喻的，但是超大城市在广域空间形态下基层社会治理同样也面临严峻挑战，如在社会治理动员能力、社会治理响应机制、公共安全风险防控、经济社会协调发展等方面会有巨大的压力。黄浦区全区商务楼宇近200幢，其中重点商务楼宇165幢，2021年税收亿元楼54幢，楼宇经济占区域经济比重达72.9%。为了更好地推动商务楼宇促进经济社会发展，亟须深刻认识到商务楼宇党建融入基层治理的重要性。

### （一）健全基层社会治理体系需要一体化思维

社会转型发展带来了城市社会结构的变化，特别是利益结构的变化和利益需求的增多。传统的管理思维不能完全应对异质性明显的城市特征，如何适应社会结构和利益诉求需要适时调整思维，亟须由单一治理模式向多元合作共治模式转变，实现超大城市科学化管理和有效化治理。超大城市基层治理的一体化思维需要多头并进、统筹协调，一体化思维如果运用得比较充分，组织化和社会化程度就高，城市治理整体成效就明显，社会治理体系就会更加成熟定型。

### （二）构建基层社会治理格局需要立体化思维

超大城市具有人口流动性和社会复杂性特征，经济社会发展的诸多领域还有结构性问题，还面临市民公共参与动力不足、公共服务需求急剧增多等问题，这些具象化的问题考验着超大城市的治理水平和治理能力。"立体社区"在平面和空间上是静态的，如果在涉及城市管理、公共服务、机制保障等方面还是以静态方式呈现，其治理成效会大打折扣。构建基层社会治理格局需要从静态走向动态、从平面走向立体、从隔空走向联动、从共建走向共享，避免用行政化思维和垂直式管理，而是善用社会化思维和条块式管理，打造立体化的基层社会治理格局。这种转变建立在立体化思维的基础上，通过上下联动拓宽制度化渠道，通过条块分割实行网格化管理，推动资源统筹和服务重心不断下沉，在多元主体之间建立更加紧密的联系，构建科学的治理框架体系，进一步激发基层民主的动力和基层治理的活力。

**（三）提升基层社会治理水平需要精细化思维**

超大城市现代化、工业化、城市化水平较高，为了适应现代治理形势和应对社会治理的具体挑战，对基层治理的整体性和协同性提出了更高的要求。在基层治理中，由于碎片化思维的存在产生了系列问题，如资源分配不均衡、职能分工不明晰、社会矛盾处理不及时、机制运行不流畅、社会治理成效不明显等。超大城市"立体社区"力求避免碎片化思维，把割裂和断裂的社会缝隙有效缝合起来，提供精细化的流程和服务，通过明晰公共管理边界、提供优质公共服务、加强多元主体联动，切实保障社会治理出成效。为了保障超大城市管理有序和服务优良，将精细化思维融入社会治理，要在治理环节做到无缝对接，在治理过程中做到制度规范，在治理目标中做到精准定位，推动政府、社会、居民的良性互动，只有这样才能整体提升社会治理的精细化水平。

## 二、主要做法

上海黄浦区作为党的诞生地，党的建设始终融入基层治理，楼宇党建与社会治理紧密结合，对推动楼宇经济规模效应和城市建设有序发展起到了重要作用。目前，黄浦区楼宇党建发挥集聚效应，在10个街道形成了各具特色的"楼宇党建+"的治理模式，"楼宇社区"成为经济社会发展的"地标"，"楼宇党建"成为基层社会治理的"堡垒"，这离不开"立体社区"基层治理不断推陈出新，更离不开整体性推进楼宇党建模式创新，还离不开多维度构建楼宇党建的组织结构、功能优化和机制体系。

### （一）片区治理：优化营商环境助力发展

黄浦区近年来立足整体推进楼宇党建，通过系统梳理区域内商务楼宇，跟进重点商务楼宇发展，在"楼宇社区"理念的指导下，把"立体社区"作为基层治理创新的着力点，推动楼宇党建在全区实现全覆盖，推动区域内楼宇经济高质量发展。片区治理是指在基层实践中为营造良好营商环境、推动多元主体（主要指居民社区、楼宇社区、驻区单位等）共建共治共享的一种基层治理模式。淮海中路街道商业商务相对集聚，商圈经济比较发达，党建资源比较丰富，街道主要根据空间形态和功能布局，划成东、中、西三个党建片区，分别成立东部、中部、西部三个联合党委，接受街道社区党委统一领导。如何打破分割的物理单元连块成片，如何改善营商环境提升楼宇企业竞争力，如何突破条块分割增强基层治理活力，成为片区治理工作思考的问题。

**1. 片区治理把空间形态"连起来"，改善营商环境**

淮海中路街道在商务楼宇党建工作中坚持整体推进原则，从形态设置上把商业相对集聚的街区和社区连块成片,构成片区治理的空间布局,打破传统的街区形态和物理单元;从功能布局上优化片区格局,按照东、中、西三个功能分别建立"片区联合党委"、标志性楼宇建立"楼宇联合党委"、其他楼宇建立"楼宇党建促进会"。"连起来"不仅为改善营商环境提供了空间布局,还发挥了楼宇党建的引领功能。为了让企业在辖区内安心发展,打通服务企业的"最后一公里",拓宽企业的融资环境,精心打造"解忧服务站",尽量满足楼宇经济和白领的实际需求,实现营商环境从"物理集聚"向"化学反应"转变。

2. 片区治理把服务阵地"强起来",服务营商环境

成立片区联合党委,优化重点楼宇联合党委、党建促进会组织设置,完善街道商会党建,充分发挥党建平台的服务作用,直接服务营商环境,增强楼宇党建工作的凝聚力。一方面,建强线下服务阵地,淮海中路街道在完成片区治理组织优化设置的基础上,实现楼宇党组织全覆盖,合理布局共青妇等群团组织,并将统战工作覆盖到商务楼宇;另一方面,建强线上服务阵地,着力打造线上"党建(群团)全港通信息平台",实时更新汇总楼宇、企业、员工群众以及片区的各类需求和建议,及时反馈,及时采纳,为楼宇企业提供信息服务。

3. 片区治理把机制建设"转起来",优化营商环境

淮海中路街道把共性的"党建+"打造成为个性的"淮海+",整合各类资源和凝聚各方力量,发挥治理主体多元力量的合力作用,发挥楼宇党建的整体效应,持续优化营商环境。楼宇党建工作机制建设的重点是通过标准流程保障运行,通过扎实抓手推进工作,通过制

度建设取得成效。通过机制建设，推行"淮海＋楼宇社区""淮海＋伯乐汇""淮海＋服务站"，把各项机制有效"转起来"，在商务楼宇间搭建"企业家恳谈会""楼宇业主物业联席会议""楼宇平安促进会""楼宇体育促进会""淮海路经济发展促进会"等各类工作平台，畅通楼宇企业与区各职能部门之间的沟通渠道，提高资源共享效率，助力提升更优营商环境。

**（二）品牌治理：优化服务内容联动发展**

黄浦区充分发挥城市基层党建的标杆作用，鼓励在商务楼宇党建中培育品牌项目，坚持整体推进楼宇党建，以"i-Party"作为新时代党性教育品牌，逐步推广"片区15分钟服务圈"、"中央厨房"整体配送等品牌项目，不断提升楼宇党建服务品牌能级。品牌治理是指为提升基层党建服务能级，通过打造品牌项目，促进整体联动的一种基层治理模式。南京东路街道（以下简称"南东街道"）地处市中心核心区域，辖区内共有63幢商务楼宇，8 000多家企业，有都市总部大楼、远洋商业中心、来福士广场等16幢亿元楼，基层党组织有347个，共有党员约5 200人。"南东城市心家园"楼宇党建服务品牌不仅标志着党建引领下的楼宇社区治理格局升级，还意味着实体阵地党建品牌落地生根。如何让楼宇党建充满活力、如何提升党建服务能级成为品牌治理模式的重要路径。

**1. 健全服务体系，促进条块联动**

一方面，健全党建工作体系，南东街道根据整体性、系统性推进社区党建工作，将辖区内97家区域化党建成员单位、19个居民区、

63幢商务楼宇、240余个"两新"党组织科学划分为8个片区,形成片区党建中心、楼宇党建(群团)服务站、居民区党组织为中心的党建工作体系,使党建工作有效联通;另一方面,健全党建服务体系,根据空间再造和组织重组的原则,形成街道党工委统领性服务、专职社区党委提供专业服务、片区联合党委提供日常服务、片区城市家园理事会提供具体服务的服务体系,使服务项目上下联动。在健全工作体系和服务体系的基础上,把"条"上的主体串联起来,把"块"内的资源整合起来,开发以片区为单元培育特色品牌项目,发布片区联合党委和片区城市家园理事会工作制度,使"城市心家园"成为楼宇党建"零距离"的一种服务工作模式,还成为推动楼宇党建实体阵地开展工作的一张名片。

**2. 制定服务清单,促进机制联动**

南东街道在基层党建一体化指导下形成"整体性党建",制定了《黄浦区南京东路街道楼宇工作室服务运行实施方案》,把党建服务、群团服务、安商留商服务延伸到商务楼宇企业。一方面,打通资源互通的大门,通过对区域化共建单位和"两新"组织走访调研、收集信息、集中整合,形成了一份"双向开放"(指项目供给方和项目需求方)的资源清单,楼宇企业、辖区单位、社区居民都成为项目受益人;另一方面,建立机制联动的枢纽,通过明晰职责和整合资源制定服务清单,进一步细化助困、助学、助老、助残等服务内容,把党建、工建、服务聚商工作融合成"三位一体"服务机制,为楼宇企业提供行业便利和精准服务。服务清单是精准治理思维的集中体现,通过机制联动提供精准服务,避免楼宇党建中出现"两张皮"现象。

### 3. 增强服务功能，促进党群联动

南东街道根据新形势下党群工作的特点，成立了"楼宇党群工作室"（以下简称"党群工作室"），为楼宇经济注入了新元素，开辟了楼宇党建的新天地，业已形成载体效应和口碑效应。一方面，建立党群联动机制，创建党建联动工作品牌。通过组织联建、队伍联育、项目联办、成效联考，把党群工作室打造成为有形阵地，成为党员之家、职工之家、群众之家，使党群工作室成为楼宇社区的一种"零距离服务"治理模式，促进楼宇经济发展和区域环境优化。另一方面，提升党群工作服务功能，增强党群工作凝聚力。发挥党群工作室的党建服务、群团服务、安商留商服务等综合服务功能，通过需求导向、整合资源、整体推进，结合商务楼宇分布特点、职业人群特点、企业和白领实际需求，以片区服务站为联系纽带，推出公益、生活、工作、阅读、健康"5i"服务项目40余项，形成片区"15分钟服务圈"，增强了楼宇党建工作的凝聚力和吸引力。

### （三）融合治理：优化组织架构，协调发展

黄浦区创新社会治理始终走在时代前沿，把社区工作不断下沉，把资源分配不断整合，把楼宇党建纳入社区党建的整体格局进行统筹谋划，优化楼宇党建组织架构，推广居民区党建、"两新"组织党建和区域化党建的"三建融合"（以下简称"三建融合"）模式。融合治理是指为提升基层治理水平，通过融合党建、资源、服务等多元要素，促进经济社会协调发展的一种基层治理模式。小东门街道辖区内共有商务楼宇35幢，其中重点楼宇11幢（税收亿元楼宇9幢），"两

新"党组织81个,党员约1 200名。如何让楼宇党建融入城市社区治理、如何使"立体社区"与经济社会协调发展成为融入治理模式考量的要素。

1. 规划空间布局,打造融合党建

"立体社区"从物理空间来说是相对静止的,从社会空间来说是充满动感的,融合党建使静态社区和动态社区有机结合起来成为可能,有效融入治理主体和治理客体。一方面,从物理空间融入治理客体,提升党组织的政治功能。小东门街道在黄浦滨江岸线贯通之后,对商务楼宇进行摸底调研,按照功能区域划分,把相邻相近的商务楼宇、高档住宅区、老城厢纳入一个物理空间,探索建立分级制楼宇党建服务机制。另一方面,从社会空间融入治理主体,提升基层党建质量。建设十六铺、董家渡、老码头、创意园区四大党建网格(以下简称"四网合一"),搭建区域化党建联席会议、网格化党建促进会、社会化公共服务平台、多元化社会力量参与平台等四大联建载体,形成基层党组织、驻区共治单位、商务楼宇、社区居民等共同参与的楼宇社区共同体。

2. 优化组织架构,推动融合互动

小东门街道充分发挥网格党建的优势,通过上下延伸、左右联动统筹党建资源,打破楼宇党建和居民区党建各自为政的旧有模式,转变为"三建融合、四网合一"模式,提升了资源整合能力和基层党建整体水平。优化党建组织架构,打造"1+4+6+1"立体化南外滩党建工程体系,"1"指融合式党建工作模式,即"三建融合,四网合一"党建工作模式;"4"指四级立体式党群服务体系,即街道党工委—党建服务中心—党群服务站—党群服务点";"6"指六大党建工程,即党员初心教育工程、标准化建设工程、组织力提升工程、"店小二"服务工程、品牌铸造工程、头雁工程;"1"指一个党群服务圈,即"10分钟党群服务圈"。党建工作模式的转变,推动了融入治理与楼宇党建互通有无,使楼宇社区成为城市社区的一道亮丽风景线,使城市社区治理创新有了空间依托和机制保障,推动楼宇经济和楼宇党建实现协调发展。

### 3. 整合党建资源,形成融合效应

在楼宇社区中缺的不是资源,而是资源下沉的途径。传统的社区治理模式难以保障资源全覆盖到商务楼宇,而融合治理使行政治理和社会治理有效结合、使党建资源和社会资源统筹协调、使有效资源整合和积极社会动员变成可能。小东门街道紧密结合辖区重点商务楼宇集聚、楼宇金融行业集聚、楼宇从业人员集聚的特点,以党建引领增强城区吸引力和楼宇经济竞争力为主要内容,以党建(群团)工作"全岗通"为依托,精准投放党务、政务、社会服务资源,发挥党政融合的联通作用、党群融合的联动作用、党建融合的引领作用。融合效应的最大功能在于突出整体性,在空间布局中一体化、在结构优化中立体化、在功能发挥中精细化,形成以网格为单位共创党建活动、共建党建阵地、共享党建资源,促进各领域融合发展。

### (四)协同治理:优化枢纽功能共享发展

黄浦区近年来依托区域化党建联席会议平台发挥党建引领,用"大党建"视域构建城市基层社会治理新格局,用"小党建"视域推

动基层党建落到实处，打造开放、合作、共赢的基层治理体系。在区域化党建指导下，着力打造集工作、生活和交往于一体的"立体社区"，推动楼宇经济在城市发展、产业转型、社会治理中发挥重要作用，为楼宇企业和从业人员提供各类服务。协同治理是指为促进多元力量参与公共事务，促进多元主体实现利益协调、共享社会发展的一种基层治理模式。外滩街道地处市中心，外滩万国建筑博览群闻名遐迩，辖区内"两新"组织楼宇有42幢，其中纯商务办公楼宇31幢、综合型楼宇（含购物中心、商铺、商住等）11幢，宏伊国际广场为上海市标志性商务楼宇，"两新"组织党组织共有252个，党员2 950名。外滩街道近年来主要围绕外滩金融机构与楼宇企业，开展多层次、多形态、多样式的楼宇党建联建项目，充分发挥街道党工委的统领作用，发挥基层党建的枢纽作用，发挥驻区单位、商务楼宇、白领从业人员的协同作用，成为区域化党建实践的鲜活案例。

**1. 发挥"党建+"枢纽功能，促进楼宇企业协同发展**

外滩街道辖区内金融机构的商务楼宇比较多，楼宇企业多为"两新"组织，如何提升金融机构的影响力、怎样增强楼宇企业党建、建构什么样的治理格局适应楼宇党建形势需要，都是需要具体解决的问题。外滩街道党工委在注重发挥党建引领的基础上，着力发挥协同治理的作用，促进楼宇企业党建整体水平提升。一方面，发挥"党建+"示范引领作用，定期召开党建联席会议，激发楼宇企业抓实党建工作的主动性，增强楼宇企业"两新"组织党员的归属感，促进外滩金融机构与楼宇企业党建联建；另一方面，发挥"党建+"共建共享作用，以党建为纽带，发挥党组织"轴心"作用，建立街道与楼宇企业间日常协商与合作机制，发挥"外滩金融集聚带"的资源优势，促进楼宇企业间互动交流、共享资源、共同提升。

**2. 发挥互联网党建枢纽功能，促进楼宇社区协同发展**

互联网党建是"党建+"的一种新形式，是智慧党建的一种途径，主要是应用网络技术开展党建联建工作，为楼宇社区内企业、从业人员、党员等提供服务。一方面创建"虚实结合"工作平台，扩大互联网党建辐射力。依托党建实体阵地，搭建互联网党建工作平台，开通多个楼宇党建微信群，开发运行"外滩微党校""青春外滩"等微信公众号，加强各楼宇企业间、楼宇党员间、青年白领间的学习沟通交流，构建楼宇党建网络宣传阵地，使实体阵地与虚拟阵地相得益彰，扩大楼宇党建的影响力和辐射力。另一方面，健全"上下联动"工作机制，提升党建信息化水平。精心打造线下系列项目，如街道党建办"走进外滩"街道团工委"缘来外滩"、街道妇联"最美外滩"、街道文明办"相约外滩"、街道社区党建中心"红色外滩"，以上项目均通过网络平台加以推广应用，在楼宇社区内有效贯通线上与线下活动，提升了楼宇党建的信息化和精细化水平。

**3. 发挥区域化党建枢纽功能，促进多元力量协同发展**

外滩街道通过搭建区域化党建平台，成立了5个区域化党建委员会，即党建研讨、城市管理、文化建设、公益慈善和志愿服务，推进重点项目工作，其中楼宇党建项目包括营商环境优化、文化体验等，活动内容包括"点亮微心愿""外滩YUE读者""白领公益一小时"等。一方面，整合资源，激活多元主体的参与动力。基层治理的活力来源于主体参与的主动性。外滩街道通过整合街道、楼宇、社区、驻区单位等各种资源,特别是注重优势互补,激活街道社区和楼宇企业的资源优势,在资源整合与社会参与之间添加"活性剂",开挖基层民主的各种形式,调动和鼓励各方力量参与到"立体社区"中来。另一方面,党建联建,发挥多元力量的合力作用。发挥街道的公共服务和公共管理功能,根据商务楼宇企业的需求导向,提供针对性的供给式服务,在服务需求与供给服务之间搭建桥梁,发挥党建联建规模化效应,促进多元力量协同发展,推进区域共治、共建、共享。

## 三、经验启示

如何突破基层治理困境和发挥基层党建的整体功能,这需要在大党建格局下不断深化党的组织形态和治理形式,实现基层治理与楼宇党建之间的结构耦合、功能耦合、机制耦合,为城市"立体社区"提供多元服务,为提高基层党建有效性奠定治理基础。

### (一)商务楼宇党建与基层治理的结构耦合

楼宇党建与基层治理的结构耦合,主要是指两者在结构上能够实现相互契合,一方面,基层党组织对于楼宇社区能够实现有效组织和领导,从而提高党的执政能力;另一方面,基层治理对于楼宇社区能够实现有效动员和整合,从而促进基层社会有序发展。结构耦合,主要是不同主体之间能够相互作用,并且能够达成相互契合。基层治理的自主性是建立在对基层社会结构和利益结构整体把握的基础上,它能有效规避"头痛医头、脚痛医脚"的碎片化思维,而是充分运用共治的手段来激活治理主体的自主性。楼宇党建的组织性是建立在基层党组织有效动员社会力量和整合社会资源的基础上，它能有效避免"多中心主义"，形成党对基层社会的一元化领导，以"合作主义"为视角发动多元力量参与社会建设，进而形成一种整体联动效应。基层治理的社会结构重在激发自主性的共治，楼宇党建的组织结构关键在于形成整体的联动效应，当自主共治与整体联动能够同频共振，就意味着基层治理与楼宇党建的结构耦合性能良好，有效性就得到保障。

## （二）商务楼宇党建与基层治理的功能耦合

楼宇党建与基层治理的功能耦合，主要是指两者在功能上能够实现相互促进。一方面，基层党组织为楼宇社区能够提供有效服务；另一方面，基层治理对于楼宇社区能够实现有效协调，从而促进基层社会稳定发展。功能的耦合，其要义在于具有各自不同功能的载体之间能够互补及相互促进。基层治理的社会性是建立在对楼宇社区空间治理和社会治理双向互动的基础上，用有效的社会治理化解社会问题和社会矛盾，扩大党的群众基础，实现基层党组织与社会治理之间的功能耦合，从而实现社会利益协调发展。楼宇党建的引领性是建立在基层党组织有效发挥服务功能的基础上，搭建提供服务的各种交流平台，把服务从"平面社区"延伸到"立体社区"，增强基层党组织的凝聚力，推动社会、市场、基层党组织之间实现良性互动。基层治理的社会功能主要是协调社会利益，楼宇党建的服务功能主要是形成良性的党群关系、党政关系，当利益协调与服务保障实现良性互动，就意味着两者之间功能互补，有效性就得到最大化发挥。

### （三）商务楼宇党建与基层治理的机制耦合

楼宇党建与基层治理的机制耦合，主要是指两者在机制运行方面能够实现相互影响。一方面，基层党组织对于楼宇社区能够通过制度规范保障有效性；另一方面，基层治理对于楼宇社区能够通过体系健全保障有效性，从而促进基层社会和谐发展。机制的耦合，其要义在于具有不同标准流程的机制之间能够融合及相互影响。基层治理的系统性是建立在对治理体系和治理格局健全基础上，避免单一的垂直化和行政化治理方式，搭建多元治理主体的互动机制，通过健全体系和完善机制来构建基层治理的系统性。楼宇党建的整体性是建立在对党组织建设和制度规范的基础上，关注党组织的各项制度、基本流程和整体运行，通过标准化和流程化保障基层党组织机制有效运行。基层治理的机制运行关键在于健全体系，楼宇党建的机制运行主要是制度规范，当体系健全与制度规范能够相辅相成，就意味着机制耦合畅通，机制运行有效。

（陈海燕）

# 做实楼宇党建品牌
# 促进楼宇经济高质量发展

改革开放以来,我国城市化进程不断加快,城市发展的平面空间受到制约,立体空间发展是城市规模扩大和要素聚集的必然选择。加之市场经济不断发展,当前城市经济结构正由空间需求型的第二产业转向空间集约型的第三产业,空间利用和要素集聚最大化的楼宇经济将成为越来越多城市的主导经济形态,一个聚集了大量"两新"组织即新经济组织和新社会组织的新社会空间——城市商务楼宇正在形成。"有群众的地方就有党的工作,有党员的地方就有党的组织,有党组织的地方就有正常的组织生活和坚强的战斗力"[1]是我国基层党建的内在规律和基本原则,因此,楼宇党建必然成为城市基层党建的重要领域。随着党组织在商务楼宇中深入开展党建工作,逐渐形成了"嵌入式"楼宇党建模式,有效地发挥了党的政治引领和战斗堡垒功能。在新的发展阶段,如何进一步加强楼宇党建工作,形成品牌效应,推动楼宇党建融入城市基层党建大格局,促进楼宇经济高质量发

---

[1] 习近平:《干在实处,走在前列——推进浙江新发展的思考与实践》,中共中央党校出版社2018年版,第429页。

展,成为上海城市基层党建的重要课题。

## 一、基本情况

商务楼宇作为城市经济发展的新天地,是新经济组织和新社会阶层产生的重镇,是新时代推进城市治理和改革创新基层党建工作的重要场所。1999年6月,浦东新区潍坊新村街道党工委在嘉兴大厦首先建立了上海(全国)第一个楼宇联合党支部,从而在上海形成了以"支部建在楼上"的"两新"组织党建形式。2002年前后,静安区静安寺街道在中华企业大厦创设了上海第一家商务楼宇"党员服务点",探索实施以属地党组织牵头,以楼宇为单位建立党组织和党员服务点的工作新模式。2007年,习近平总书记在上海工作期间强调要把楼宇党建作为上海党建的重点,做到"支部建在楼上、党建落到实处"。2018年11月,习近平总书记视察陆家嘴金融城党建服务中心,了解城市楼宇党建工作情况时进一步指出,"党建工作的难点在基层,亮点也在基层"。随着经济成分和就业方式日趋多样化,在新经济组织、新社会组织就业的党员数量增多,要做好其中的党员教育管理工作,引导他们积极发挥作用,基层党建既要发扬优良传统,又要与时俱进,不断适应新形势,进而拓宽基层党建的领域。

上海金外滩(集团)发展有限公司(以下简称"金外滩集团")是由国有资产管理部门授权的国有独资公司,成立于1996年,集团聚焦旧区改造、城市更新、服务民生保障、区域经济发展,成为城市更新综合服务商。金外滩集团党委认真落实全国国有企业党的建设工作会议精神，持续加强国有企业党的建设，不断推进国企党建向基层延伸、向纵深拓展。集团在打造楼宇党建品牌的过程中，充分发挥党建工作固本培元的作用，探索实现楼宇党建由"特色"向"品牌"的升华。金外滩国际广场、黄浦中心大厦作为金外滩集团下属的税收"亿元楼"，一直以来都是金外滩集团重点打造的商务楼宇。金外滩集团党委针对商务楼宇中"两新"组织多、流动党员多、企业白领多等特点，充分发挥党建引领作用，因地制宜、因势利导，通过搭平台、聚合力，加深楼宇内各企业的交流互鉴和多元共建，进一步优化营商环境，形成了以金外滩国际广场楼宇党群服务站、黄浦中心大厦党群服务站等为载体的楼宇党建品牌。

## 二、主要做法

近年来，金外滩集团党委联合小东门街道党工委、豫园街道党工委等单位，对于加强楼宇党建联建工作，丰富楼宇党建的内涵和外延，探索楼宇党建品牌建设，进一步提升企业白领的生活品质和满意度，促进楼宇经济高质量发展进行了有效的实践。

**（一）完善工作体制机制，拓展楼宇党建生命力**

金外滩集团党委积极联合小东门街道党工委共同打造金外滩国际广场楼宇党群服务站，上海黄房实业总公司（金外滩集团下属企业）党支部联合豫园街道党工委合力共建黄浦中心大厦党群服务站，通过创新社区党建和楼宇党建组织设置方式，积极探索社区党建与楼宇党建深度融合机制。

### 1. 建立联席会议工作机制

金外滩集团党委按照扁平化、多层次、融合式的要求，优先在具有地标性质、规模能级高、经济效益强、党员数量多的商务楼宇建立楼宇"两新"组织联合党支部，形成上下贯通、执行有力的组织链条。通过分析楼宇内企业党组织情况，在不改变组织隶属关系的情况下，建立商务楼宇企业党组织与社区党组织、驻区单位党组织联席会议制度。通过设立轮值主席，由一方或多方牵头，以召开会议的形式，经上级党组织、区域党工委协调指导，全面落实党建联建工作，形成社区和楼宇党建有效的联合议事机制，实现议事制度化、常态化。社区党委、楼宇物业服务企业、商管运营企业、入驻"两新"组织等单位各党组织共同参会，必要时可根据实际需要邀请市、区有关部门、街道、社区以及群团组织人员参加，平等对话、民主协商，围绕落实综合党委职责规范，特别是解决企业和白领普遍关注的问题合理设计议题，有效密切了楼宇内企业党组织与其他单位党组织之间的联系。在听取党员意见基础上将联合党组织就近划入党组织管理，及时接纳流动党员参加党组织活动，建立联合党组织，从党组织到党员个体都能做到集聚效应，不断促进楼宇与社区的治理效率和经济发展水平双提升。

### 2. 加强区域化联动

推进区域化党建是新时代构建大党建格局的一个重要思路，要充分调动、融合辖区资源，打破部门、行业及地域界限，创新工作模式，构建资源共享、优势互补的共驻共建区域化党建工作新局面。金外滩党委依托楼宇及周边区域的资源和力量实现自我建设、自我发展，形成一系列促进楼宇"自转"的工作机制。探索"多企联动"，即楼宇内国企、民企、外企等各类企业联动；探索"多楼联动"，即各类商务楼宇之间联动等。与此同时，加强和商务部门、民政部门等部门的沟通协作。通过各类联动机制，促进资源的整合优化，将聚合的资源融合发力，形成跨行业、跨体制的基层治理新格局。金外滩集团党委在大量调查研究的基础上，从"两新"组织及楼宇企业、白领最关心的问题着手，通过需求清单、服务清单和资源清单的征集公开化，开放共商，找到社区党建和楼宇党建的利益联结点，相互取长补短，注重以需求为导向，小切口进入，切实解决楼宇白领的实际问题，丰富传统楼宇党建"嵌入式"的工作机制。为了更好地配合社区党组织走进楼宇企业、发挥好政治引领的作用，金外滩集团党委联合行业党建合力推进楼宇党建工作，通过不断加强楼宇党建职能部门之间的协同机制建设，楼宇党建相关职能部门理清各自职责、整合资源、协调政策、协同工作，携手一致为楼宇内企业和白领提供更多更有针对性的服务，使驻楼企业感受到属地各级党组织及政府有关职能部门的服务和温暖，实现社区党建和楼宇党建的共同发展。

2023年1月5日，豫园街道党工委与金外滩集团党委共同牵头成立"黄浦中心大厦楼宇党建联席会议"和"黄浦中心大厦楼宇委员会"，着力构建党建引领下的楼宇自治共治新格局，标志着黄浦中心大厦楼宇党建迈入"善治理"4.0版本。各楼宇企业将依托"党建联席会"和"楼委会"两个共商共建共享平台，全面落实党建一体化机制、交叉任职机制、民主协商机制，楼宇进一步成为实践全过程人民民主、充分开展协商议事的阵地，在此基础上充分发挥楼宇党建的政治引领和服务企业的功能，不断提升楼宇治理效能，聚力打造"善治魔方"楼宇党建品牌。

### （二）提升服务效能层级，扩大楼宇党建影响力

基层党建工作只有服务经济发展，才更有生命力。金外滩集团党委以党群服务站为载体，不断优化楼宇营商环境，积极解决企业发展需求，提升服务能级，进而激发楼宇内生动力，打通基层治理的神经末梢。

#### 1. 打造一站式平台

围绕楼宇企业、白领需求，指派专人在站点进行常态化服务，做到诉求"一口式"受理、问题"一条龙"对接，最大程度地破除企业及白领群体在办事时存在的信息壁垒。立足开放式、集约式、共享式，按照"制度健全、管理规范、标识鲜明、设施完备、服务精准、指导有力，人员精干、运转协调"的标准，充分依托商务楼宇的产权单位、物业公司、重要入驻企业的资源优势，推动商务楼宇党群服务中心的全覆盖，为楼宇内党组织、企业及白领提供党建指导、党群服务、教育管理、创业服务、人才联络、志愿帮扶等服务。

#### 2. 提供下沉式服务

依照"需求递交—受理登记—服务安排—项目确认—项目开展—效果反馈"的服务闭环理念，列出"供给单""需求单"，把服务送到离党员群众最近的地方。金外滩党委积极部署相关部门结合职能主动下沉服务，及时认领问题清单和供需清单，同时，充分利用"上海金外

滩集团""黄浦中心大厦党群服务站"等微信公众号、楼宇微博等平台，定期对楼宇供需资源进行推送，打破楼宇"孤岛效应"，推动楼宇与驻地、楼宇与部门、楼宇与楼宇间资源共享整合，激活楼宇资源外循环。

### 3. 加强开放型联动

积极探索党组织、街道职能部门、楼宇企业、白领青年共同参与社区治理的新途径，不断导入各方资源，加强条块联动，真正实现从"服务派送"到"社区治理"的转变，将楼宇打造成"竖起来的社区"。如黄浦中心大厦党群服务站，通过不断提升服务能级，向楼宇企业及白领提供八项基础性功能，包括党群主阵地、营商面对面、文明实践点、共享会客厅、经典品读室、信息发布间、健康加油站、趣味运动角。在此基础上形成常态化综合服务，首批签约的5家共建服务单位，即街道营商服务中心、社区卫生服务中心、全程玖玖健康、慧众律所、黄浦公益汇，为企业及白领提供党务、政务、社务、医

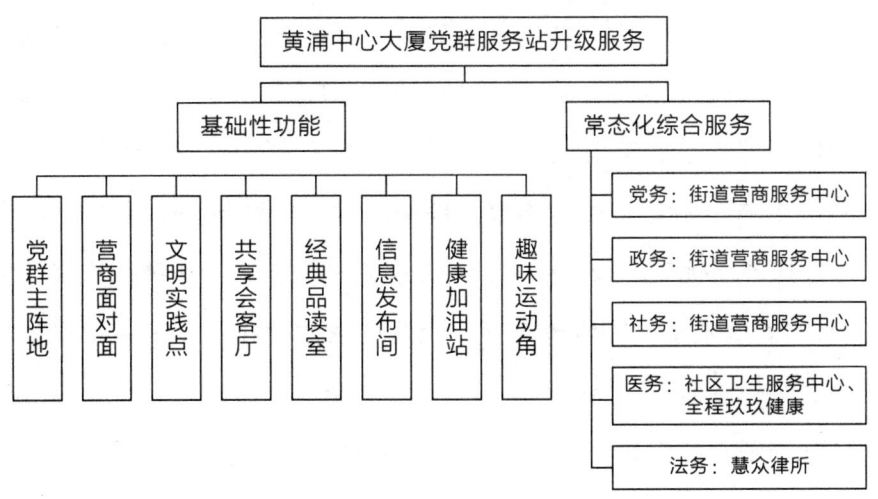

图1　黄浦中心大厦党群服务站升级服务

务、法务"五位一体"的系统服务，相关服务人员由共建单位统一安排，每月活动在街道的配送清单中选择或楼宇内企业自行组织，极大提升了服务站的影响力和号召力（见图1）。

### （三）丰富创新活动方式，增强楼宇党建凝聚力

楼宇党建要从企业、白领需求出发，丰富党建活动载体、创新活动方式，通过多种形式推动新思想进楼宇。要把传播党的创新理论、用新思想武装头脑作为楼宇党建的首要任务，充分激发楼宇党建活力，夯实党建工作基础，推动习近平新时代中国特色社会主义思想进楼宇、入人心，引领楼宇白领群体听党话、跟党走。

#### 1. 推行多元化的学习方式

"全员式学"即"人人参与"式学习。把党员从听众变为主讲，把被动听变为主动讲，督促党员真学并且学到位；"互助式学"即"全员式学"方式的延伸，把党员个人独自准备拓展为党小组集体准备，把党员个人会前自学升级为党小组会前集中学习研讨，调动党小组全体党员积极性，深度参与会前自学、讨论和准备工作，提高党支部集体学习会前准备工作质量；"帮带式学"即让老党员和年轻党员一对一结对。老党员经验丰富、理论扎实，年轻党员有活力、有想法，发挥各自优势，取长补短，建立起互助交流、传帮带教的常态化机制；"观摩式学"即党校老师、企业优秀党员代表请进来，传授专业知识，分享个人工作感悟和典型工作经验，通过互动交流来解答党员疑难问题，组织党员对标学习、快速成长；"问诊式学"即每次集体学习要明确一到两个会议议题，主要是当前中心工作中存在的突出

问题，提前公布给党员学习研究，结合每个党员的主要工作，提出相应的对策，并在集体学习后做交流汇报；"自助式学"即用好学习强国 App，根据党支部集体学习任务要求，为党员制定会前自学内容，并要求党员在集体学习后将学习成果发送至学习交流群中，将传统书面式学习感悟转变为线上电子化互动交流。

#### 2. 拓展党建联建工作内容

街道党工委和金外滩集团党委汇聚党建合力，以黄浦中心大厦党群服务站为阵地依托，以党建联席会议为资源平台，以楼委会为协商议事平台，共同打造面向楼宇企业和白领群体的公共活动空间、公共治理平台，有效拓展了党建联建工作的内容。一是共筑组织基础，开展组织联建、党员联育、活动联办、资源联用、服务联做工作，通过党建带群建；二是共谋企业发展，坚持服务企业发展为初心，搭建与政府政策对接服务平台，加强楼宇企业横向联系，推动企业在业务发展上的交流与合作；三是共办实事好事，坚持服务党员、服务群众，整合各方资源精准对接需求，梳理服务清单，把服务楼内的企业和商户作为楼宇党建的永恒主题，不仅做到能服务、善服务，更追求主动服务，让党员群众共享联建的成果；四是共担社会责任，引领楼宇企业履行社会责任，扩大志愿者服务队，做优楼宇新时代文明实践点，服务区域经济社会发展。如黄浦中心大厦党群服务站在工作机制上打通上下通道与横向链接，通过党建联建，签约一群伙伴（党群服务共建单位）、梳理一张清单（楼宇服务清单）、打造一支队伍（黄浦中心大厦志愿服务队）、用好一片阵地（黄浦中心大厦党群服务站）、探索一套机制（黄浦中心大厦党群服务站日常运营管理），进一步优化营

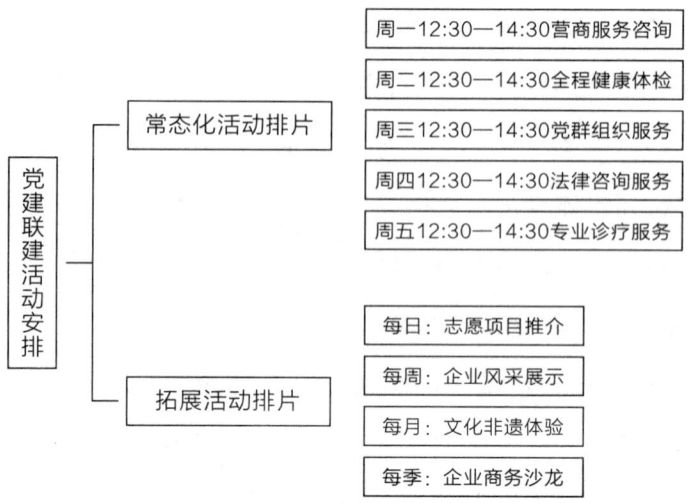

图 2　黄浦中心大厦党群服务站党建联建活动安排

商环境，真正架起政府和企业的营商桥、社区服务白领的服务桥，以及政府、企业、社区沟通的连心桥（见图 2）。

## 三、经验启示

基层是党的执政之基、力量之源。党支部作为党的基础组织，担负着教育党员、管理党员、监督党员和组织群众、宣传群众、凝聚群众、服务群众的职责。上海的商务楼宇不仅是高新企业和高层次人才的聚集地，也是"两新"组织和社会阶层人士聚集的场所，抓好楼宇党建工作是上海新时代基层党建工作重要的组成部分。打造和创建高质量的楼宇党建品牌，彰显基层党组织的组织力、凝聚力、战斗力、号召力，对于国有企业加强党的领导，提升基层党组织服务能力，营造良好的营商环境，服务区域经济发展具有重要意义。

**（一）坚持政治引领、突出政治功能是推进楼宇党建品牌建设的根本前提**

中国共产党的政治理念、政治纲领、政治目标，必须通过宣传发动、团结带领全体党员和广大群众为之努力奋斗。要完成好这一历史使命，各级党组织就必须加强政治引领，突出政治功能，始终成为落实党的路线、方针、政策和各项工作任务的坚强战斗堡垒。"围绕发展抓党建，抓好党建促发展"是企业党建工作的总思路，楼宇党组织应坚持以楼宇党群服务站为基础，加强服务阵地建设、服务制度完善、党建氛围营造、党建活动开展等长效机制与体制建设，实现"建党"与"党建"工作的有效结合。进一步强化工作责任制，形成一级抓一级、层层抓落实的工作体系，以及党委领导、党群共抓、各方参与、齐抓共管的工作格局。党组织通过在楼宇中牵头设立"党员先锋岗""党员责任区""党员突击队"，党员承诺、志愿服务等多种方式，主动为楼宇企业、白领排忧解难，擦亮楼宇党建品牌。

"两新"组织党建工作是党在非公有制企业和社会组织全部工作和战斗力的基础，如果弱化了政治功能而过分强调其他功能，把党的政治组织变成为企业的服务组织，就失去了其存在的政治价值。因此，政治功能是"两新"组织党建的核心功能。"两新"组织党建要加强政治引领，必须在宣传党的主张、贯彻党的决定、教育管理党员、团结动员群众等方面发挥积极的作用。宣传党的主张，就是要"让党的好声音传进千家万户"，"两新"组织党建负有在"两新"组织中宣传党的纲领、路线、方针、政策的重要责任，要使党的纲领、路线、方针、政策成为广大党员和群众的自觉行动。贯彻党的决定，就是要坚决贯彻党中央的决策部署，坚决执行党的决定，把党的纲领、路线、方针、政策转化为具体行动。教育管理党员，就是要对党员进行教育、管理、监督和服务，通过严格执行"三会一课"、党组织生活制度等，加强党员的学习教育，同时吸纳发展"两新"组织中的优秀人才为党员，把好党员"入口关"和"出口关"。在楼宇内建立驻楼联企、一楼通办、楼事楼议、楼社联动等工作机制，把党建工作与优化营商环境、凝聚楼宇员工、促进楼宇发展、融入社区治理等方面相促相融。

**（二）坚持需求导向、优化营商环境是推进楼宇党建品牌建设的着力点**

楼宇党建工作必须紧贴楼宇企业发展的需要和从业者的需求，将促进楼宇党员个人成才发展、推动企业生产经营、加强企业文化建设和楼宇党建工作有机地融为一体。以服务企业、白领为核心，围绕楼宇经济的发展和楼宇企业的生产经营活动，积极构建党员发挥作用新平台。主动为各类企业提供政策咨询、商务资讯、人才交流信息等多样化的服务，突出精准精细，提高服务效能，积极探索商务楼宇党建服务新模式，全面推行需求、资源、项目"三张清单"制度，确保提供服务直击"痛点"。充分发挥商务楼宇党的组织优势、文化优势、党员优势和区位优势，通过多种多样、丰富多彩的有效载体，创新性地开展组织生活，让党的创新理论走进青年群体，使党的组织生活更加贴近党员、贴近实际、贴近中心工作。

将党组织建设、政策宣传、资源整合等有机地结合起来，形成有效组建、有效管理、有效服务的工作平台。以楼宇党建引领服务区域经济发展、以区域经济发展提升楼宇党建质量，实现党建工作和经济发展互动共进。升级完善"楼宇党组织"的服务功能，不仅做到能服务、善服务，更追求主动服务，把服务楼内的企业和商户作为楼宇党建的永恒主题。融党建服务于营商服务。楼宇党组织牵头加大资源配送和支撑，把党建工作贯穿于优化营商环境、促进经济发展中。通过提升楼宇党建和楼委会的服务治理，使楼宇品质得到大幅度提升，楼宇租金同比增长。将营商服务项目、人才服务项目、公益服务项目、健康文化项目共同纳入楼宇党建品牌，打造精品品牌项目，优化服务营商环境。将楼宇党员、员工凝聚起来，有力推动经济发展和党建工作同频共振、互促共赢。

**（三）坚持多元参与、创新方法是推进楼宇党建品牌建设的有效手段**

楼宇中大多数的"两新"组织包括非公有制企业和各种新社会组织，组织形态各异、员工结构各有不同，党建工作不能套用传统的"机关模式"或"国企模式"，必须根据"两新"组织特点来开展工作。在打造楼宇党建品牌的过程中，充分发挥党建工作固本培元作用的同时，要进一步深化创新楼宇党建的活动方式，通过多样化、接地气、有意义的活动，将楼宇内跨单位、跨行业、跨系统的党员和企业或其他组织联结起来，形成"聚沙成塔"的效应。积极发挥党建品牌的示范带动作用，引导"两新"组织党建紧密结合自身实际，充分发挥自身优势，开拓工作思路，创新工作方法，丰富党建品牌活动内容，让楼宇中的党建活动更加富有感染力和吸引力。积极推行"智慧党建"等创新模式，着力构建线上线下相互融合的工作平台，深度拓展楼宇党建工作空间，探索打造联动协同、立体辐射的党建阵地，推动"互联网+"在商务楼宇党建工作中的广泛应用，充分利用网络技术的互动交流特性，搭建党员教育、互动交流、精细服务和有效管理的平台，实现党建资源的"集约化"利用，以"面对面""心贴心"服务。推动楼宇党建与区域化党建、居民区党建同步谋划、整体推进，建立商务楼宇党组织与街道、社区、区域共建单位和政府职能部门的动态沟通机制，主动协调各类党建资源和社会资源，积极引导商务楼宇党组织积极参与创建文明城市，主动承接公益项目，有效参与基层治理，助力服务中心工作等，在组织共建、活动共联、资源共享中实现共驻共建、互联互动、相互融合，全面提升新时代城市基层党建工作水平。

从组织形态、工作机制、认同构建、工作内容和功能拓展等方面进行创新实践，如根据企业的组织形态和党员情况等创新党组织设置的形式；根据企业党组织及上级、同级党组织的相关情况，建立一套有针对性、高效的工作机制；根据企业的现实利益及关注点，寻求利益共同点，实现利益共享和认同构建；根据企业的主要职责以及员工需求，不断拓展工作内容、创新工作方法、丰富活动形式。通过持续创新实践，不断增强楼宇党建工作的针对性和有效性。构建党建工作与企业发展互融共促、同频共振的良好格局，为区域经济社会发展提供动力。

（张　琳）

# 淮海中路街道打造红色信仰彰显地的探索

黄浦区淮海中路街道是党的诞生地、初心始发地所在街道。近年来，街道党工委始终牢记习近平总书记"不辱门楣、走在前列"的殷殷嘱托，立足党的诞生地、初心始发地所在街道的特殊政治责任，大力弘扬伟大建党精神，带头践行初心使命，认真贯彻"人民城市人民建、人民城市为人民"重要理念，坚持以党建为引领，在加强党的思想建设、传承红色基因、优化营商环境、提升街区软实力、增进民生福祉等方面多向发力、多措并举，不断彰显笃行红色信仰的使命担当。

## 一、背景概况

淮海中路街道地处上海市中心城区，东起西藏南路，南至肇周路—建国东路，西至重庆南路，北至金陵中路，总面积1.41平方公里，常住人口5万余人，工作人口近7万人。街区特色鲜明：

一是红色基因深厚。辖区内有中共一大会址、第一本《共产党宣言》中文全译本印刷地又新印刷所旧址、中共上海区委党校旧址、上海工人第三次武装起义发布命令地点等革命旧址、遗址27处。

二是商务商贸发达。辖区内有淮海中路、新天地两大商圈，32幢高端商务楼宇、3 600 余家企业，其中税收亿元楼 18 幢、国际知名企业 40 余家，以普华永道、埃森哲、麦肯锡等为代表的专业服务业，以保乐力加、索尼为代表的商贸流通业，以美国船级社、普利司通等为代表的 15 家跨国地区总部齐聚于此，以全区 1/10 的区域面积创造了占比超过 1/4 的经济贡献率，经济密度位居全区，乃至全市前列。

三是多元文化融合。街道辖区范围内红色文化、海派文化、时尚文化、旅游文化、消费文化等多元文化融合交汇，既不失传统，又散发出浓厚的现代气息，上海旅游节开幕巡游、新天地新年倒计时、上海国际时装周、F1 大奖赛 1 000 站等具有影响力的文化盛事青睐此地。

四是二元特征明显。淮海中路街道是一个充满着"反差萌"的街区，这里有上海顶级的商务楼宇和时尚地标、高大上的居民住宅小区，也有不少历史风貌保护小区、二级以下旧里，不同阶层、群体对美好生活有不同的愿望与需求。

在已有工作成绩基础上，基于街道辖区独具的特点与优势，为全面贯彻完成区委区政府交给街道的任务目标，淮海中路街道以打造红色信仰彰显地为统领，在新时代新征程持续着力打造"红色淮海""活力淮海""时尚淮海""幸福淮海"。

## 二、主要做法

### （一）以传承红色基因为主线，着力打造红色淮海

作为党的诞生地、初心始发地所在街道，街道党工委高度重视挖掘和利用红色资源优势，始终把传承红色基因、守护精神家园作为首

要政治任务来抓，聚焦理想信念和党性教育品牌建设，增强红色文化的传播力、感染力、铸魂力，引导广大党员干部群众学以笃志、学以明理、学以励行。

1. 创办"红色文化节"

街道因著名的"淮海中路商业街"而得名，辖区内各类型企业与党组织众多，每年，尤其是七一期间都会举办大量党建活动，但是覆盖面比较小，存在一定的资源浪费和内部单循环。为推动辖区内各类党组织和单位在红色基因传承和红色文化宣传上形成合力，2019年7月，街道主导创办了首届"红色文化节"。文化节期间，街道先后举办了8次主题展览（如"红色记忆 档案记录"主题展、"漫步淮海，致敬1949"庆祝中华人民共和国成立70周年红色主题展等）；专题活动30余场（如"兴业路上兴伟业"专题故事会、红色经典交响乐音乐党课、红色电影周等）；开展了各类学习教育活动100余场。这些活动的承办者从街道所属的基层党组织扩展到区域化党建单位、辖区企业和各类社会组织。由此，红色文化节成为"街道主导、片区推动、各方参与、社会协同"的区域化活动平台。如今，红色文化节坚持每年举办，已形成为常态化品牌。

2. 创设"兴业讲堂"

为适应新时代广大党员对理论学习在内容与形式方面提出的新要求新期待，街道聚合多方力量，创设了集线下、网络、空中于一体的三维党性教育品牌"兴业讲堂"。例如，面向商圈白领群体，依托新天地商圈党群服务站设立线下实体课堂，利用辖区内兴业路、淮海路、复兴路这三条蕴含特殊含义的路名，设计推出了以"兴业路上谈信仰""淮海路上忆传统""复兴路上话中国"为主题的"初心三讲"特色系列课程，力求在"最时尚"的地方讲"最精品"的党课。2020年，兴业讲堂获评"上海市基层理论宣讲先进集体"。

**3. 开办"红色文化集市"**

为了让红色文化活动常态化，街道充分汇聚区域化党建资源，决定每月定期在兴业路区域开展一次"红色文化集市"，通过常设展示或互动项目，形成集学、玩、乐、购于一体的多元红色文化体验空间，立足黄浦、面向全市，打造红色文创集中展示、红色服务定期亮相的地标性、常态化特色市集平台。

**4. 搭建初心志愿服务平台**

打破地域界限，面向全社会招募成立以单位为主的志愿团队和以项目分类为主的特色志愿团队，组成"初心志愿服务队"，提供交通指引、秩序维护、岗亭执勤、游览讲解、外语翻译、医疗保障、帮困助学、环境保护等多种服务，以实际行动践行初心使命。

**（二）以优化营商环境为牵引，着力打造活力淮海**

基于街区商务楼宇众多、现代服务业发达、经济密度高的特点，街道党工委坚持以党建为引领，积极转变服务理念和模式，着力营造最优企业发展经济生态圈，助力企业创新创业。

**1. 探索党建引领楼宇社区治理新模式**

楼宇是"竖起来的园区"，员工是"8 小时的居民"。街道率先提出了"楼宇社区党建"的概念。按照地域相近、性质相似的特点，将辖区划分为东、中、西三个党建片区，每个片区涵盖 10 幢左右的商务楼宇和若干个居民社区，在此基础上成立片区联合党委，在单幢楼宇成立楼宇联合党委，从而在楼宇内部和党建片区形成引领楼宇及企业参与社区治理、推动社区发展的领导核心。为解决联合党委组成人员层级不高、话事权有限等难题，街道进一步成立片区楼宇社区委员会、楼宇委员会，吸纳楼宇物业、业主或重点企业负责人参与进来。由于参加者相对层级较高，权限较大，推动共建共治共享更为有利。

2. 打造立体党群服务阵地

采取"楼宇空间共享""企业空间共享"等方式，在标志性楼宇建立独立的党建（群团）服务站，其他楼宇结合实际，利用大厅公共服务平台、员工活动室、楼宇连廊等空间，灵活设置党群服务点，推动党建服务阵地全覆盖。围绕辖区党员群众的集中需求，形成"益食尚、益小时、益诊室、益知道、益讲堂、益乐活""六益"服务项目。同时，街道提出"虚拟社区"建设概念，通过街道App、微信公众号、微信群等信息化手段将日常分散在各个地区、楼宇和企业的白领，通过各类活动有效地连接起来，从线上到线下织密立体党建服务阵地，实现"党的服务永远在线"。

3. 建立白领事务官队伍

依托街道、在地统计办、楼宇租赁部、市场监管（税务）专管员、招商分中心、区属招商公司等力量，完善组团式服务模式，针对企业的不同需求，直接上门或协调相关职能部门，提供更便利、更精准的服务。街道领导坚持重点企业"六必访"（对辖区重点企业高管变动必访、企业总部领导来沪考察必访、企业搬迁必访、企业租赁到期必访、企业经营情况意外下滑必访、重要个性情况必访），形成制度，优化营商环境。街道还聘任了一批"白领事务官"，有来自辖区的市场监管所、派出所等职能部门负责人，也有来自长征医院、思园企业等专业机构的相关负责人，辖区内企业与白领在工作生活中遇到难题，都可以找这些"白领事务官"寻求帮助。

**4. 搭建企业交流互动平台**

近年来，街道先后搭建了"淮海+伯乐汇""重点企业恳谈会""淮海经济发展促进会"等平台，畅通企业与区职能部门之间、楼宇之间、企业之间的沟通渠道，提高各类资源共享和问题解决的效率。如"淮海+伯乐汇"主要汇聚了"两新"组织的人力资源部门负责人，自2017年上半年正式启动以来，已打造成为一张靓丽的名片。

### （三）以推动文化融合为载体，着力打造时尚淮海

街道党工委聚焦地缘优势、品牌建设、项目创新、平台开发，多举措推动各类文化融合，增强文化自信，提升街区软实力，打造"最上海、最时尚、最国际"的文化地标。

**1. 传承重塑海派文化**

街道部分辖区地处衡复历史文化风貌区内。风貌区内除集中了革命旧址、纪念场馆外，还有不少的名人故居；建筑样态有老洋房，也包括石库门。可以说，石库门是最能代表上海本土文化的建筑形态。建于1928年的丰裕里，诗人艾青于1932年回国后居住在这里的4号楼，画家陶冷月在98号楼一住就是42年，并将其命名为"风雨楼"。但问题是，丰裕里因年代久远，已然是二级旧里，老百姓生活多有不便，亟须改造更新。在风貌保护过程中，街道做"减法"，又做"加

法"。前者即通过综合整治，拆除附着在建筑上的各类违章建筑，整治各类外露管线；而后者则侧重对石库门建筑的门头、外立面进行清洗复原，还原建筑本真，"细致到每一块墙面、每一栋门楼、每一扇窗户、每一根立柱"，让建筑像艺术品一样可阅读，不仅宜居，而且宜游、宜乐，将建筑更新与文化传承紧密结合，提升街区文化软实力。

### 2. 打造精细化治理标杆

按照市、区精细化管理要求，进一步细化修订《新天地地区城市管理精细化标准》；依托"一网统管"智慧平台，实现工作数据要素和应用管理场景的归集、分析、应用，对新天地区域范围内部及周边35条中小马路的各类顽症做到"即见即清"；以区域内楼宇周边道路为界限，划分36个工作网格，通过签订"门责管理"等自治承诺书，建立"一楼一网一长"点位长队伍，成立外卖车辆停放楼宇志愿者队伍，建立协调配合处置工作机制，有效缓解外卖车辆乱停放问题。通过对标最好最优标准，以细致入微的精细化管理与最好的服务，保障各类大型、重要活动举办，并吸引品牌首店入驻。

### 3. 做大做强特色文化品牌

街道坚持以文化人，积极推行"文化共创"与"生活共享"，以体验活动为中心，丰富在地企业员工与社区居民的精神家园。例如，与华东师范大学出版社合作，启动"幸福淮海·智慧人生"读书会；与瑞安房地产合作，启动白领剪纸午间课堂；与春美术馆合作，启动白领油画晚间课堂等项目；同时，先后推出了"百姓戏舞情""文化e讲堂""淮海瑜美人秀""白领午间课堂""浦江国学班"等项目。2018—2020年，公共文化"三级"向"四级"配送活动1 548场，开展读书会、非遗手工、时尚活动、体育活动等线下活动186场，1.5万人次受益，26.9万人次参与互动。

#### 4. 持续培育特色志愿团队和项目

街道拥有注册志愿者10 179人，注册志愿者总数占街道常住人口18.2%，活跃率达到80.35%，拥有文明创建、文明劝导、垃圾分类、益诊室、媛德坊等各种常态、特色化志愿服务项目103个，志愿服务团队61个。志愿团队培育和发展充分利用地缘优势、资源优势、人才优势，以特色化团队和品牌，形成街区精神文明创建亮丽风景。除依托中共一大会址成立一大志愿服务团队外，还联手曙光医院、瑞金医院卢湾分院专业资源，成立"益诊室"健康文明志愿服务队，创办上海市首个科普集市；立足上海巾帼文明岗位创建，成立巾帼文明服务队，因地制宜参与里弄自治议事、开展文明劝导、历史建筑讲解等；依托商务楼宇集聚优势，成立楼宇门责志愿者队，维护楼宇周边环境和道路通行秩序。

### （四）以增进民生福祉为宗旨，着力打造幸福淮海

针对街区存在的二元结构，街道党工委持续贯彻"人民城市人民建，人民城市为人民"重要理念，将满足群众需求、增进民生福祉作为出发点、着力点，坚持补短板、增效能、提高品质相统一，注重精准调研与分类施策相结合，努力提升各方幸福感、安全感、满意感。

#### 1. 深入推进"留改拆"

首先，高比例完成旧改意愿征询。充分发挥党建引领作用，通过成立旧改地块临时党支部，有效整合区旧改办、征收事务所等相关部门资源和力量，积极发动居民区党组织战斗堡垒和党员先锋模范作用，有效

推动旧改工作有序、有力开展。69、70地块高比例完成房屋征收一轮、二轮征询，先后创下全市大型旧改地块签约比例新纪录。其次，积极推进社区微更新。本着"完善功能、保留风貌、提升品质"的原则，对有近百年历史，以西成里、丰裕里、永丰村为代表的石库门里弄进行整体风貌更新保护，其中，西成里成为全市首个弱电线架空线落地的小区，丰裕里海派里弄文化再现项目被《人民日报》头版宣传报道。同时，通过嵌入式的睦邻服务站，实现沐浴、洗衣、医疗、理发、修理、助老、配送等"一站式、综合式"供给，提升老旧小区生活服务功能。

### 2. 构建多元化养老为老服务体系

依托疫情期间的精准摸底，基于"区智慧养老服务平台"，对辖区内所有60周岁以上老人构建起精细化需求标签，导入基本信息，完善家庭、身体及收入情况，融通政府、市场、社会资源，形成居家上门服务菜单。探索建立"居家＋家政""居家＋助餐""居家＋应急"服务体系。"居家＋家政"方面，结合社区老人需求，推出综合服务包，按照"政府补贴＋市场让利＋个人负担"相结合的付费模式，分类制定补贴标准。"居家＋助餐"方面，在现有光明村配餐基础上，对接引入罗森餐食品牌，同步设立街道"居家＋助餐"集中助餐点，探索建立老年人助餐市场化服务机制。"居家＋应急"方面，建立夜间值班、信息汇报、突发事件应急预案等系列制度和应急响应工作小组，为老人提供远程健康指标监测、突发事件响应等服务。

### 3. 延伸"一网通办"服务手臂

在社区服务受理中心实现190项个人事务一站式办理的基础上，在商务楼宇中设立兰生、柳林、企业天地三个"白领事务空间站"，发布涉及 50 项社区事务受理事项的"白领权益清单",开设协助代办、材料远程初审、企业团办和上门服务四大功能,在 16 个居民区开设前置服务通道,定期深入居委开展政策咨询、材料预审、申报指导等"家门口的服务"。

4. 精心打造"零距离家园"

10 多年来,新天地这个高档国际社区有个社区治理"老大难"问题,即居委干部"走不进"小区、"走不近"居民。新天地居民区充分发挥基层党组织的引领作用,靠前作为,主动承担,带动物业、业委会"三驾马车"联起来、转起来,通过精细化工作、贴心式服务,与居民、业主建立信任、亲密的关系,畅通基层治理的"肠梗阻"。在此基础上,街道探索形成以"零距离家园理事会"为平台、试点社工错时上班制为保障,居委、业委会、物业"三驾马车"密切协作为目标的治理体系,建立社区良治的长效机制。

## 三、实践成效

几年来,淮海中路街道以"四个淮海"为着力点打造红色信仰彰显地的探索实践取得明显成效。

### (一)红色信仰更加笃行

通过夯实党建阵地、发挥党建引领功能,使基层党组织的战斗堡垒作用更加突出,党的政治领导力、思想引领力、群众组织力、社会号召力在淮海这片红色的土地上显著增强。

### （二）营商环境更加优化

坚持服务为先、多元共建，使楼宇之间、楼宇与社区、人与人之间成为紧密联结的利益、责任与情感共同体，营造了和谐的社区氛围，提升了街区整体经济活力。

### （三）街区治理更加完善

通过理顺关系，明确职责，着力构建共建共治共享基层治理格局，为推动居民区党建、"两新"组织党建、区域化党建"三建"融合奠定组织基础。

### （四）民生保障更加充实

聚焦社区高质量发展、居民高品质生活的目标，全面系统提高公共服务、公共管理、公共安全能力与水平，努力使人民群众感受到更多获得感、幸福感、安全感。通过各项细致入微的工作服务，增强了老百姓的向心力、认同感，老百姓说，"这里是有获得感的幸福家园"。

## 四、经验启示

淮海中路街道坚持人民至上的价值追求，从"人民城市人民建、人民城市为人民"的理念出发，以党建为引领，在创新治理机制、增强服务能级、提升环境品质上下功夫，发动社会各方力量共建共治共享，从而使街区更加宜商宜业宜居宜游，红色信仰地进一步彰显，为新时代探索符合城市化特点、趋势和规律的基层党建与社会治理新路提供了有益探索与宝贵经验。

**（一）践行初心使命，笃行红色信仰，必须用好红色资源，赓续红色血脉**

红色是中国共产党、中华人民共和国最鲜亮的底色，在我国960多万平方公里的广袤大地上红色资源星罗棋布，在我们党团结带领中国人民进行百年奋斗的伟大历程中红色血脉代代相传。习近平总书记在十九届中央政治局第31次集体学习时强调，各级党组织要充分用好红色资源，教育引导广大党员、干部赓续红色血脉，努力创造无愧于历史和人民的新业绩。淮海中路街道作为党的诞生地、初心始发点所在街道，辖区内红色遗址遗迹众多，更是使命光荣、责任在肩。街道上下牢记习近平总书记"不辱门楣、走在前列"的殷殷嘱托，坚持高站位、高标准，聚焦重点任务和目标要求，以红色文化垫实"核心竞争力"，通过打造红色文化街区，深化提升楼宇与社区党建工作品牌，进一步厚植红色土壤，传承红色基因，笃行红色信仰，动员凝聚广大党员群众在党的诞生地为实现伟大梦想而不懈奋斗。

**（二）践行初心使命，笃行红色信仰，必须弘扬建党精神，勇于担当作为**

习近平总书记在庆祝中国共产党成立100周年大会上的讲话指出，100年前，中国共产党的先驱们创建了中国共产党，形成了坚持真理、坚守理想，践行初心、担当使命，不怕牺牲、英勇斗争，对党忠诚、不负人民的伟大建党精神。作为建党精神最初孕育形成之地，淮海中路街道以传承弘扬建党精神为根本统领,并将建党精神渗透到各个领域、各项工作、各个环节。新时代弘扬伟大建党精神,落脚点在敢担当、善作为。"中华民族伟大复兴,绝不是轻轻松松、敲锣打鼓就能实现的。全党必须准备付出更为艰巨、更为艰苦的努力"①"干事担事是干部的职责所在,也是价值所在。改革发展稳定工作那么多,要做好工作都要担当作为"②"不干,半点马列主义也没有"。③淮海中路街道立足区域优势,发挥资源禀赋,在实践中逐步探索出以党建为引领、以人民为中心、以精细化治理为抓手的工作模式,共同打造党建引领、多样服务、多元共治、多方受益的社区"生态圈",在楼宇党建探索、营商环境优化、民生服务保障等方面有诸多创新。通过"四个淮海"建设,着力打造党的建设新高地、营商环境新高地、城市管理新高地、社区发展新高地。

**(三)践行初心使命,笃行红色信仰,必须坚持人民至上,关注民生福祉**

习近平总书记在党的二十大报告中指出,"江山就是人民,人民就是江山,打江山、守江山,守的就是人民的心""为民造福是立党为公、执政为民的本质要求"。中国共产党没有任何自己特殊的利益,它的根本利益就是始终代表最广大的人民群众。基层工作离人民群众

---

① 习近平:《决胜全面建成小康社会 夺取新时代中国特色社会主义伟大胜利》(2017年10月18日),人民出版社2017年版,第15页。
② 《信念坚定对党忠诚实事求是担当作为 努力成为可堪大用能担重任的栋梁之才》,《人民日报》2021年9月2日。
③ 《邓小平文选》(第2卷),人民出版社1994年版,第221页。

距离最近,整天与老百姓打交道,接触的也都是老百姓最关心、最直接的利益问题。在实践探索中,淮海中路街道始终将人民满意作为最大政绩,坚持抓重点,抓老百姓最关心最直接最现实的住房、养老等利益问题,抓最需要关心的人群,多做雪中送炭之事;坚持抓实在,既尽力而为又量力而行,做那些现实条件下可以做到的事情,让群众得到看得见、摸得着的实惠;坚持抓长久,一件事情接着一件事情办、一年接着一年干,锲而不舍向前走;坚持抓组织,各级干部带领群众一起干,共同创造美好生活。

(李炜永)

# 现代治理篇

# 不辱门楣　积极探索中国式现代化城市基层治理新路
## ——黄浦区"零距离家园"工程的实践探索

基层治理是国家治理的基石，统筹推进城乡社区治理，是实现国家治理体系和治理能力现代化的基础工程。党的二十大报告从中国式现代化的战略高度对基层治理提出了新的任务要求，强调要"健全共建共治共享的社会治理制度，提升社会治理效能"。上海是习近平总书记关于人民城市重要理念的首提地，如何走出一条符合超大城市特点和规律的中国式现代化基层治理新路，是近年来着力探索的重要课题。黄浦区作为党的诞生地、初心始发地和伟大建党精神孕育地所在区，牢记习近平总书记"走在前列、不辱门楣"的殷殷嘱托，积极推进"零距离家园"工程建设，坚持以"为人民谋幸福、让生活更美好"为价值追求，通过党建引领完善组织体系，构建全领域覆盖、全周期连接、全主体参与的工作机制，提升治理科学性、程序合法性和结果有效性，让人民城市的心脏、窗口和名片发展更具活力和生机。

## 一、背景情况

### （一）缘起：城市原点的"零距离服务"机制

黄浦区南京东路街道地处中心城区，具有上海大地测绘原点和道路零公里处所在区域的地理特点，被形象地称为"城市之心"。街区有着典型的"二元结构"特点：一边是鳞次栉比的高楼大厦，商业商务繁荣；一边是狭小逼仄的老旧小区，生活设施简陋。街区人口特点表现为典型的"三高"，即外来（流动）人口高密度化、常住人口高龄化、商居高混合化。二元结构和"三高"特点给社区治理带来新的挑战。一是社区居民的利益诉求和价值观的多元化，同时由于公共精神乏力且参与渠道较少，使得社区议事协商的难度有所增加。二是社区治理体制机制不畅，多部门、多主体协作不力。社区治理所涉及的内容、面向和维度较为多元、复杂，而不同行政部门或科室的沟通互动、主体协作较为薄弱，推动社区治理现代化建设迫切需要大格局、大统筹，更需要多部门的联动协作，形成合力切实解决社区治理的老大难问题。三是社区基层组织事务繁杂、权责失衡突出、自治与服务功能大打折扣等现象突出，满足不了居民群众日益增多的需求。同时，社会力量缺少有效引导，参与社区治理的深度、广度不足。

面对新矛盾、新要求、新任务，2009年，街道首创提出了"零公里社区，零距离服务"的概念并进行了相关实践探索。初始阶段以居委力量为主导，以社区服务为切入口，面向社区需求，形成了以解决居民诉求为主要目标的制度化服务流程。2011年进一步动员社区力量、整合社区资源。不断完善制度，提出"一流程、三衔接、三清单"的服务模式，直接为居民提供精准服务。

**（二）传承：精神原点的"零距离家园"建设**

黄浦区是党的诞生地、初心始发地和伟大建党精神孕育地所在区，是精神谱系的原点，百年来红色基因已经深深扎根这片土地。多年来黄浦区委致力于走出一条符合超大城市特点和规律的社会治理新路子。2010年，黄浦区委、区政府印发《黄浦区关于开展"零距离服务"的实施意见》，在全区推广"零距离服务"机制。2018年9月，"零距离家园"建设工作在全区正式全面启动。以条线部门力量下沉为契机，以行政力量为支撑，以"零距离家园理事会"为平台，通过提供高效、精准的管理与服务，解决长期困扰居民区的难点顽症和居民群众急难愁盼问题，促进政府行政职能与基层自治共治有效衔接，进而激活自治力量、孕育共治萌芽。按照"建设人人有责、人人尽责、人人享有的社会治理共同体"的要求，践行"人民城市人民建、人民城市为人民"的重要理念，在延续深化社区服务和条块协作功能的基础上，进一步突出居民群众在社区治理中的主体性，实现参与治理零距离。经过几年的持续深入推进，"零距离家园"的品牌显示度和影响力不断提升。

## 二、新时代"零距离家园"工程建设的实践路径

持续推进"零距离家园"工程建设，是贯彻落实习近平新时代中国特色社会主义思想，打造黄浦社会治理新高地的重要抓手，是凝结

全区基层社会治理实践经验和智慧的系统集成。

（一）服务群众零距离：坚持人群全覆盖与服务精准化

1. 创设零距离家园理事会，搭建多元共治平台

以条线职能部门力量下沉为契机，搭建"零距离家园理事会"平台，促进政府行政职能与基层自治共治有效衔接，激活多元共治力量。"零距离家园理事会"以居民区联席会议的形式开展工作，由居民区党总支书记、居委会主任、业委会代表、物业公司代表、居民代表、社区单位和社会组织代表、法律顾问等组成，涵盖了社区治理的各方力量。健全运行机制。推动行政管理条线力量一"沉"到底，针对居民区存在的突出矛盾，各部门主动认领、充分参与、研究落实解决措施和方案；针对需要联勤联动的事项，主动跨前、通力合作。建立"所院办队"联系居民区制度。完善"片长、指导员、联络员"现场办公日制度；设立居民区"民情手册"，居民区工作者在居民区包块，把社区干部主动联系群众"走访、下访、接访"的工作制度落到实处。制订治理攻略。针对社区热点、焦点问题，通过梳理矛盾与症结、确定治理主体、设定预期目标、确定治理议题等"十步法"，强化对议事协商的实操性指导，提升自治共治水平。针对居民小区的物业管理难题，在全区各街道推广，由半淞园路街道探索制定的《住户守则》。完善处理流程，即居民区联席会议上理事会成员充分协商讨论社区公共事务、公益事项、矛盾突出和居民反映强烈的问题；会后由理事会成员共同开展社区巡查和现场办公，发现问题及时处置，当场告知、纠正或出具处理文书。完善监督考评机制，即各居民区定期

组织开展对理事会工作及其履职情况的群众满意度测评，每年对职能部门整体履职情况进行综合评价。零距离家园理事会已成为社区治理中部门资源整合的重要平台，居民需求汇集与回应的重要枢纽，条块协作零距离的主要载体。

**2. 建设多层次实体阵地，提升精准服务功能**

结合党群服务中心阵地体系功能建设和"10分钟社区生活圈"建设，采取"综合式枢纽"与"嵌入式站点"相结合的方式，加快推进"零距离家园"实体阵地建设。街道层面围绕"综合服务空间、社区治理平台"的功能定位，集合党群、助老、文体等生活服务项目、部分政务服务项目以及各类志愿或公益服务项目。居民区层面则以嵌入式、步行可及、可满足居民生活服务需求为主，如打浦桥街道蒙西小区内及周边设置了"浦汇·记忆里"老年日间照料中心、"零距离家园"儿童友好服务站，聚焦"一老一小"提供周到服务。街、居实体阵地点面图不断迭代升级，服务触角不断延伸。截至2022年底，在街道、居民区、楼宇园区等各层面因地制宜建设服务"全人群"、覆盖"全区域"、畅享"全功能"的"零距离家园"服务实体阵地195个，围绕群众关注的热点、难点问题，梳理形成需求、资源、行动"三张清单"，每年开展自治项目400余个，推动社区治理的服务资源与群众需求无缝对接、有机匹配。

**3. 聚焦民生重大实事，彰显为民服务初心**

整合社区内生性与外部性资源，聚焦旧改攻坚，实现党的领导在旧改攻坚战中全流程、全要素的一体式贯穿。宝兴里旧改首次在区级层面构建了"党建联席会议＋临时党支部＋党员先锋队"的党建领航机制和工作架构。各级干部坚持"把旧里群众当亲人",总结凝练出党建引领旧改群众工作"宝兴十法",干部在一线下沉、问题在一线发现、资源在一线集结、工作在一线推进,有力推动了旧改的提速提质。2022年7月,历经30年的上海中心城区成片二级以下旧里房屋改造在黄浦历史性收官。在2022年抗疫战中,全区各级党组织和广大党员闻令而动、尽锐出战,1.3万名在职党员到社区报到,3 464个临时党组织在一线设立,共同守护"零距离家园"。

**(二)民主协商零距离:展现全过程人民民主生动图景**

上海作为习近平总书记全过程人民民主重大理念的首提地,黄浦区作为写入《上海市居民委员会工作条例》的"三会"(听证会、协调会、评议会)制度原创地,在推进"零距离家园"建设中,持续深化运用"三会"等基层民主协商制度往居民社区深入、往线上云端拓展、往楼宇园区延伸、往商业空间覆盖,使之成为推进全过程人民民主的重要基层治理机制。

**1. 完善运行机制,线下线上同步推进提升治理效能**

不断拓展深化"三会"制度内涵,将三个前置会议和"三制"分别作为听证会、协调会、评议会的内在环节,进而优化健全了议题征询—听证—公示结果、民主恳谈—协调—落实责任、监督合议—评议—作出承诺的民主运行机制,全方位的"三会"制度基层民主协商体系日趋成熟。从政府项目延伸到公共事务,引导居民全程有序参与,实现居民事居民议居民决。大到旧改征收、加装加梯、垃圾分类、纾困惠企,小到弄堂清洁、车棚粉刷、楼道美化、卫浴改造,都积极推动基层民主协商。

为持续提升便捷度、活跃度和实效性,黄浦区把"三会"制度纳入市"社区云"2.0版本,打通物理空间壁垒,实现"云端议事厅""科技绣花针"协同赋能基层治理,推动"三会"制度走上数字"云端"来到居民"指尖",让基层民主协商成果更完整地存档、更方便地检索、更快速地分享,助力基层善治新模式不断向智能、精准的方向前行。2022年新冠疫情防控关键时期,五里桥街道及时通过"楼组群"开展"云协商""云听证",共同守护家园平安。在龙华居民区春江小区美丽家园二期建设项目中,街道尝试将"云三会"与"最小管理单元"的融合应用,把这座老旧小区的楼组微信群打造成"云端议事厅",在线完成了小区改造整体方案的意见征询,召开了停车管理细节方案的线上听证会,"云三会"应用场景不断拓展。

**2. 拓展制度效力,楼宇园区协同参与打造共享空间**

楼宇是"竖起来的社区",区委推动在经济社会最活跃的经络创新工作方式,高质量推进楼宇党建、高品质服务楼宇企业、精细化治理楼宇社区。探索由楼宇社委会牵头,搭建楼宇业主、物业、楼宇内党组织、企业、白领和街道所属行政力量六大类群体共同参与的协商议事平台,形成楼宇治理"三会"(恳谈会、协商会、评议会)制度。瑞金二路街道以城汇大厦楼宇治理"三会"、八号桥园区治理"三会"、久事复兴大厦楼宇治理"三会"为牵引,推动"三会"制度在楼宇、园区、商圈等不同楼宇治理形态上延伸运用,促进商区、街区、社区"三区"融合发展。在园区"三会"的助力推动下,八号桥创意园区的出租率达到了90%。楼宇社委会负责引导楼宇各类主体共同参与，通过楼宇"三会"开展协商自治，形成"收集问题、解决问题、评议复盘"的工作闭环，构建党建引领楼宇"善治理"新模式，共建楼宇"零距离家园"。

### （三）党建引领零距离：政治功能与组织功能同向发力

坚持把党对基层治理的全面领导作为黄浦基层治理现代化建设的一条红线，不断增强党组织政治功能和组织功能，依托"零距离家园"建设，织密建强党的基层组织体系，推动党的组织体系与治理体系一体严密。

#### 1. 严密组织体系，充分发挥功能强化引领

"零距离家园"建设充分发挥各级党组织领导作用，大力推动网格党建，强化纵向衔接和横向联动，整合治理力量和资源，建立健全街道—街区—居民区—微网格—楼组五级党建组织架构，划小做实微网格，加强"零距离楼组"党建，把党组织覆盖到微网格、楼组等最小单元，为社区公共资源整合、组织结构重塑、制度性建设等提供强大支撑与有力保障。将组织体系嵌入城运网格，推行"多格合一"，将支部建在网格上，资源力量叠加到网格里，促进党建引领整合网格管理、服务、安全等资源力量，着力完善网格化管理、精细化服务、信息化支撑的基层治理平台。

#### 2. 加强队伍建设，构建基层治理力量体系

党建引领"零距离家园"建设紧紧抓住"人"这一核心，构建基层治理队伍一体化建设工作格局，系统打造基层治理四支力量。在基本力量方面，深化居民区"书记工作室"建设，开展"社区善治 社

工赋能"——黄浦区社区工作者"人才梯队计划",采取跟班挂职、实地观摩等帮助提升实战化能力。在骨干力量方面,深化居民区党组织书记"班长工程",依托"黄浦计划"建立主题工作室,着力培养具备专业理论和实务技能的治理骨干队伍。在社会力量方面,建成社区达人库,积极在属地党员中培育"第二书记""第二楼组长",做实社区治理"第二梯队"建设。南京东路街道积极推进社区、社会工作者、社会组织、社区志愿者和社区公益慈善资源的"五社联动",发起成立黄浦区首家支持型社会治理促进中心——上海市黄浦原点社会治理促进中心,与高校合作成立"零距离社工学院",健全社工全周期、全流程培养体系,努力打造街道层面具有专业引领力的社工培育和实践平台。小东门街道立足区域特色,凝聚自治共治新力量。开展"凝聚力"楼组建设和"社区达人"培育等项目,从外卖行业中的党员骑手和先锋骑士中遴选"移动网格员"。在增援力量方面,推动区级机关、企事业单位党组织全覆盖结对居民区党组织,区级层面储备5 000余名党员先锋突击队员,努力构建平战结合的韧性社区。

**3. 创新党建模式,更好激发活力凝聚人心**

"两新"组织、新就业群体在促进经济发展、提供公共服务、参与社会治理等方面发挥着日益重要的作用。黄浦区委在推进"零距离家园"工程建设过程中,强化政治引领、组织引航、价值引导三位一体,以党建引领新业态、新就业群体正确发展方向。坚持政治引领和服务凝聚两手抓。统筹街道社区、平台企业、行业主管部门等各方力量,积极推进"两个覆盖"攻坚行动,通过"组建一个党建联盟、建立一个联席会议机制、选派一批党建指导员",引领区内小红书、众安在线、猎聘网、分众游戏、绿盟科技等一批新业态、新就业群体企业投身基层治理,实现同频共振、互促共进。以"零距离"党群服务中心体系功能建设为依托,打造135个服务新就业群体的"新业"驿站,为新就业群体提供修身乐业之所、授业解惑之地、奋发兴业之站,以思想引导和服务凝聚强化"两个覆盖"。推动党建工作与优化营商环境加强基层治理互促融合。立足黄浦区知名商圈多、重点单位密集的特点,探索以主题式区域化党建为抓手,在推进"两新"组织党建的同时,优化营商环境,融入基层治理。持续做强"滨江党建·金融外滩""文化思南"等区域化党建品牌,做实"城市更新党建联盟""南京路商圈党建联盟""红色传承·商业淮海"等新兴品牌,围绕科创、文旅等重点探索产业集群党建,探索建立"滨江党建·创新里滩""演艺大世界"党建联盟工作机制,为区域发展和社会治理蓄势聚力。

2018年以来,黄浦区"零距离家园"工程建设取得了阶段性成果,居民自治与社区共治互动,街道管理力量进一步下沉,多元治理体系日趋完善;社区、楼宇园区、街区"三区"互联、融合治理,街区管理机制加快形成。"零距离家园"工程建设以来,各居民区解决了一批以往想做但难以实施的顽症和自治难题。目前,黄浦全区172个居民区全部建立并落实"零距离家园"理事会制度,围绕辖区公共事务开展零距离协商,共同治理社区事务;全区每年开展自治项目400余个,基层治理逐步实现了从"有心无力"向"群策群力",从"为民做主"向"由民做主"的转变。具体成效体现在四个方面:党建有力,解决了居民区党组织组织力不足的问题;下沉有度,解决了职能部门被动应对、议而不决的问题;治理有底,解决了居民区有心无力、资源不足的问题;协商有效,解决了政府部门为民做主、大包大揽的问题。

## 三、新时代"零距离家园"工程建设的价值内涵与经验启示

### (一)价值内涵

社区承担着维护基层社会秩序稳定、提供基本公共服务、凝聚社会共识、推动基层民主等诸多职能,党和政府联系、服务居民群众的"最后一公里"空间场域,其治理效能影响着居民幸福指数、城市治理水平和社会秩序维系。要打造成社区治理的家园共同体,必须培育"向上向善向好"的社区公共精神。当前,随着居民群众民主意识的提高,传统过度依赖行政力量动员和资源整合的局面难以满足更为多元化的需求,其建构秩序的可持续性必然面临困境。因此,"零距离家园"工程建设作为城市基层治理现代化的愿景目标,把"为人民谋幸福、让生活更美好"作为价值追求,更注重基层政府、社区自治组织、社会组织、社会公众等多元互动,通过创设平台、阵地建设、机制创新和数字赋能,推动服务群众零距离、民主协商零距离、党建引领零距离,实现全领域覆盖、全周期连接、全主体参与,进而打造利益认同、情感认同、价值认同的家园共同体。

"零距离家园"建设作为黄浦区委着力打造的基层治理整体性品牌,是党建引领多方协同共治的生动诠释,是走好新时代党的群众路线的具体体现,是人民城市理念应用于基层治理的系统集成,是探索

中国式现代化城市基层治理新路的创新实践。

### （二）经验启示

**1. 以践行人民城市重要理念为根本价值旨归**

2019年11月，习近平总书记在上海考察时提出了"人民城市人民建，人民城市为人民"的重要理念，强调在城市建设中一定要贯彻以人民为中心的发展思想。2020年，中共上海市委《关于深入贯彻落实"人民城市人民建，人民城市为人民"重要理念，谱写新时代人民城市新篇章的意见》指出，要把握人民城市的根本属性，始终坚持人民至上，把人民的主体地位、发展要求、作用发挥贯穿于城市工作的全过程和各领域。"零距离家园"建设正是将人民城市理念应用于基层社会治理的工作实践，转化为破解社区治理难题的具体行动。从基本属性来看，着眼于社区共同体建设与社区治理结构重塑，强调各类社会主体和所有社会成员围绕共同价值、共同规范、共同利益、共同发展，共同承担社会治理的责任，推动社区成员之间的理性交往，实现共建共治共享；从目标导向来看，"零距离家园"旨在提升城市社区的治理效能和更好回应城市居民不断增长的美好生活需要，为居民提供更好、更便捷的生活；从实践路径来看，注重治理科学性、程序合法性和结果有效性，通过持续创新体制机制和方式方法，全面提升基层治理能力，让上海这座人民城市的发展更具活力和生机。

**2. 把推进全过程人民民主作为重要制度支撑**

2019年，习近平总书记在上海古北市民中心考察调研时提出，人民民主是一种全过程的民主。全过程人民民主体现了社会主义民主政治人民当家作主的政治本质,其实践形态是一个动态的治理过程,必须通过丰富的基层民主形式来调动和释放人民群众参与城市治理的主动性、创造性。"零距离家园"包括了民意征集、民主协商、民主表决、民主管理、民主监督等全过程人民民主的关键结构性要素。从发现民意开始,以人民需求为基点,通过一系列制度创新和多种形式的民主参与,有效地实现了民主的形式与实质的统一。民主,起始于人民意愿充分表达,落实于人民意愿有效实现,其一方面关注的是公共事务决策的正当性问题,即公共决策应当由社会共同体中的多数人来决定相对更为理性和有序;另一方面更为重要的是,要从根本上真正解决民主的有效性。实践证明,"零距离家园"不仅是一个行之有效的社会治理机制,还是一个有效的全过程人民民主的实现机制,把"全链条、全方位、全覆盖"的民主形式融入基层治理实践,在社区"最后一公里"实现物理空间零距离和心理空间零距离,破解社区治理难题,发挥出民主自身最大的治理功能和效率,为居民提供更好、更便捷的生活。正是这些鲜活的、可实践、可运行的民主形式,为全过程人民民主理论的阐释、为构建基层群众的民主话语体系提供了有力支撑。

**3. 探索符合超大城市特点和规律的基层党建新路**

中国共产党领导是中国特色社会主义最本质的特征,要把党的领导落实到国家治理各领域、各方面、各环节。城市社区治理共同体的建构需要党委、社区居委会、社会组织等多元主体共同形塑强大治理网络。其中,强化党的全面领导是城市社区治理共同体的重中之重。我们必须认识到在共同体内部形成共同价值的艰难性。由于个体基于工具理性与功利主义对自身利益过度关注，因而缺乏对公共事务的理性妥协，很难达成城市社区公共事务的共同决议。通过党建引领，打破传统条线的束缚，在区域内实现"两新"组织、新就业群体党建之间互联互动互补，推进城市社区多元主体的友好协商，提升城市社区个体的公共事务参与热情，进而提升城市社区公共性。"零距离家园"建设中始终坚持党建引领，织密党在城市基层的组织体系，为基层社会治理工作凝聚起更强的攻坚力、聚合力。社区党组织作为基层党组织的重要构成，是贯彻落实党的方针政策的神经末梢。提升城市社区治理效能，必须强化社区党组织的领导与决策能力，协调社区内部的诸元主体力量，整合社区内生性与外部性资源，实现党的领导在社区治理全流程、全要素的一体式贯穿。社区党组织干部应自觉提升自身公共修养与统筹思维，基于系统性、整体性、全局性考量城市社区公共发展与社区治理共同体建设。

（陈　怡）

# "三会"制度：
# 全过程人民民主的基层治理程序

党的二十大报告指出，全过程人民民主是社会主义民主政治的本质属性，是最广泛、最真实、最管用的民主。必须坚定不移走中国特色社会主义政治发展道路，坚持党的领导、人民当家作主、依法治国有机统一，坚持人民主体地位，充分体现人民意志、保障人民权益、激发人民创造活力。积极发展基层民主，健全基层党组织领导的基层群众自治机制，完善基层直接民主制度体系和工作体系。民主的重要价值在于为个体参与公共生活以及对公共生活施加影响提供制度性保障。发展全过程人民民主必须着眼于体制机制的系统性、整体性和协同性，通过体制机制间的紧密衔接、相互配合，发挥制度体系的行为规范、权利保障和关系协调作用，有效保证和促进人民当家作主。内生于上海基层社会治理实践的"三会"制度，作为践行基层全过程人民民主的基本工作方法和有效制度安排，为基层民主协商、民主决策、民主管理、民主监督提供了重要范式。

## 一、背景情况

### （一）"三会"制度在基层治理实践中形成和发展
#### 1. "三会"制度的萌芽初创：直面基层之惑

20世纪90年代末，随着改革开放和市场经济体制的深入发展，城市旧区改造的大力推进，打破了单位制"一统天下"的模式，大量"单位人"变成了"社会人"，城区管理重心开始向社区转移，社区成为保障和改善民生的重要依托，成为社会管理和基层建设的重要阵地。五里桥街道作为上海市居民区组织改制工作试点街道，积极探索居民委员会工作机制和运作方式，加强基层民主和居委会组织建设，形成了与城市管理相匹配的第四级基层管理网络。如何能有效化解各种复杂、棘手的社会矛盾，让居民满意，成为摆在街道、居民区面前的头号课题。

局门路361弄"垃圾弄"换新颜，是"三会"制度的起点。局门路361弄曾经是条有名的"垃圾弄"，100米不到的弄堂里，堆满建筑和生活垃圾，路面坑坑洼洼，两边的墙壁贴满黑色广告。一刮风，废纸、塑料袋满弄堂乱飞；下雨天，道路泥泞不堪，积水长时间不退，蚊蝇成群，居民们苦不堪言。在这种情况下，桑城居委会把361弄的改造列为为民办实事的头号工程，但是怎么改造、改造成什么样，居委会决定居民的事让居民议。于是，召开了多次听证会，会上居民把弄堂改造的要求一一提出来，合理的意见和建议都尽量予以采纳。50多天后，一条整洁干净的小路修好了；可是新问题又来了，路修好后如何管理？于是，又召开了5个物业经理参加的协调会，确定水由江南物业帮助解决、电由爱仁物业拉线、值班人员的费用按小区居民户数分摊，顺利解决了矛盾。修路结束后，还对施工队的工作进行评议，会上居民宣读了表扬信、送上了锦旗，评议会变成了表扬会，居民和施工队都乐开了花。以此为基础逐步建立起"三会"制度——听证会、协调会、评议会，即事前听证、事中协调、事后评议，"三会1.0版"初步形成。

2. "三会"制度的发展定型：顺应时代之需

2010年上海世博会前后，各类建设项目、整治任务集中展开，为使工程有序推进，街道、居民区在项目不同阶段利用"三会"进行听证、协调、评议。但实践过程中发现，"三会"制度在协商成果落地见效方面还有待改进和完善。于是，进一步发展形成"三会2.0版"——三会配三制，即听证会配套公示制、协调会配套责任制、评议会配套承诺制。"三制"的增加，使街道、居委会能够更广泛地听取群众意见、更有效地落实化解责任、更有力地开展群众监督。

随着基层民主协商的不断发展，大家在运用"三会"制度的过程中又有了新的问题。比如，原有听证会的议题以自上而下为主，主要围绕政府计划实施的项目展开，但议题能不能由居民自己提？又如，协调会的目的是化解利益冲突方之间的矛盾，但如果未事先做好思想工作，直接邀请矛盾双方进入协调会现场，矛盾是否反而会愈演愈烈；再如，原评议会仅在项目结束时或年底一次性召开，难以将监督评估贯穿项目的始终。为了更好地回应这些问题，黄浦区进一步深化完善"三会"制度，分别在听证会、协调会、评议会前设置议题征询会、民主恳谈会、监督合议会,形成"三会3.0版"。前置会议的设立,进一步健全了自下而上的议题和项目形成、解决、评价机制,提升了治理程序的完整和治理结果的实效性。

黄浦区进一步健全体系,拓展实践,深化"三会"制度内涵。推进基层协商的"全过程民主",将三个前置会议和"三制"分别作为听证会、协调会、评议会的内在环节,进而优化健全了议题征询—听证—公示结果、民主恳谈—协调—落实责任、监督合议—评议—作出承诺的民主运行机制,全方位的"三会"制度基层民主协商体系——"三会4.0版"成熟定型。

《黄浦区关于进一步健全和完善居民区"三会"制度的指导意见》对每个会议制度的适用范围、参会人员、会议准备、会议程序等作了明确规定,有力推动"三会"制度规范化、程序化、标准化发展。2017年,"三会"制度被写入《上海市居民委员会工作条例》,2018年入选"上海改革开放标志性首创案例",以"三会"制度为核心内容的紫荆社区工作法入选民政部100个优秀社区工作法。

### (二)完善全过程人民民主基层治理秩序的新时代要求

#### 1. 从"全过程人民民主"视野看"三会"制度

2019年11月,习近平总书记在上海考察时指出:"我们走的是一条中国特色社会主义政治发展道路,人民民主是一种全过程的民主。"这一重要论断,深刻揭示了人民民主是一种与现实接通、与人民利益相连的具有操作性的民主形态。上海作为习近平总书记全过程人民民主重大理念的首次提出地，必须深入推进社会主义民主政治建设，努力走出一条基层协商民主规范化、特色化、常态化发展的现实路径，深化"三会"制度运行机制，打造全过程人民民主最佳实践地成为必然要求。

### 2. 从"人民城市"视野看"三会"制度

习近平总书记考察上海时提出"人民城市"重要理念。深刻领会"以人民为中心的发展思想"的丰富内涵，把握人民城市的主体力量，就是要紧紧依靠人民推进城市建设，最大程度地调动人民群众的积极性、主动性、创造性，让人民群众成为城市发展的积极参与者、最大受益者、最终评判者。坚持问政于民、问需于民、问计于民、问效于民，紧扣居民群众关心的突出问题，搭建更多线上线下民意"直通车"，充分汲取群众智慧，推动"三会"制度这一生动实践再深化、再发展成为必然要求。

### 3. 从"基层治理现代化"视野看"三会"制度

社会治理核心是人、重心在城乡社区、关键在体制机制创新。基层是城市治理的基础所在、重心所在、支撑所在。随着改革不断深化，城市管理重心不断下移，街道社区承担的任务愈来愈重，同时，也出现了许多新情况、新变化、新要求，如果缺乏有效的民主协同机制，很容易陷入僵局。探索符合超大城市特点和规律的基层治理秩序，进一步深化发展"三会"制度，解决基层治理难点、堵点、痛点，促进基层治理提质增效，努力打造精管善治的新典范成为必然要求。

## 二、主要做法

### (一)"三会"制度展开的全过程人民民主基层治理运行机制

**1. 听证会运行机制:议题征询—决策听证—公示结果**

听证会是指政府有关部门或居委会在社区实施的项目或涉及居民群众切身利益的重大事项,在作出决策前,由居委会组织部分社区成员代表召开会议、广泛讨论、提出具体意见的会议制度。在听证会前设置议题征询会,通过部门联合走访、弄堂议事会等多种渠道征集社情民意和自治议题,居民区党总支每半年召集社区各方代表参与讨论,对经议题征询会通过、符合听证会内容的议题形成议案,由听证会进一步处理解决。议题征询会——听证会,配套公示制,将议题征询会形成的相关议案、听证会内容和听证会结果进行公示,让居民广泛知晓。听证会运行机制让居民、居委会、政府部门、社区其他利益相关方能够充分交流,共同酝酿决策,有效提升了社区公共事务决策的信度与效度。例如,五里桥街道老年人老龄化、空巢化、独居化趋势明显,需求也各不相同。街道利用党建联建平台,依托"三会"制度,找准老年人"原居安老"的需求,整合各方养老服务资源,全面提升为老服务水平。五里桥街道将"三会"制度议题征询环节全面应用于养老服务场景,在广泛调研基础上,按照片区召开居民区养老服务需求座谈,梳理需求,推出"七心七助"居家颐养计划,提供悉心助养、省心助居、暖心助餐、爱心助洁、助心助浴、关心助智等七大养老服务菜单,老人按需点单,既可"单选",更可"多选"。

**2. 协调会运行机制：民主恳谈—矛盾协调—落实责任**

协调会是指对涉及社区公共利益以及社区成员间的一般矛盾或利益冲突进行协商处理的会议制度。在协调会前设置民主恳谈会，对涉及社区公共利益的有关事项、社区成员间的一般矛盾和利益冲突，召集当事人一方或多方进行协商，旨在确认当事人的矛盾纠纷焦点、告知法律法规规定、明确当事方权利和义务，促成当事人在协调会上达成一致意见。民主恳谈会——协调会，配套责任制，对于恳谈协调中达成的一致意见，形成调解文书或会议纪要，明确当事人权利和义务，落实责任人、解决事项并明确具体方案、工作措施、进度安排等责任，并由居委会和相关职能部门督促责任方予以执行落实。协调会往往是"三会"制度中使用频率最高的会议制度，一些矛盾突出的社区重大事项，往往需要召开多次协调会，分别推进解决不同问题，才能最终就关键议题达成一致。

**3. 评议会运行机制：监督合议—结果评议—作出承诺**

评议会是指由居委会组织社区成员代表对相关工作机构、单位及其工作人员的工作或涉及社区公共利益的有关事项进行评议的会议制度。在评议会前设置监督合议会，对涉及社区成员公共利益的有关事项，在事项实施过程中，通过建立第三方专业监督与社区民主监督相结合的综合评价体系，对事项解决过程进行全程监督，并对存在问题及时通报反馈、督促处理。监督合议会——评议会，配套承诺制，要求被评议的单位、部门和个人针对评议中提出的问题做出整改承诺，整改承诺内容要同本单位、部门的各项管理工作紧密结合起来，并将此纳入岗位目标绩效考评机制。评议会不仅能够"评议事"，也能够

"评议人",不仅可以对项目完成情况和效果进行评议,也可以对社区事务相关工作人员及其履职情况进行评议。

## (二)"三会"制度培育的全过程人民民主基层治理多元主体

### 1. 培育自治力量,提升民主意识

"三会"制度注重拓展居民参与民主决策、民主协商、民主管理、民主监督的渠道,支持和帮助居民群众更理性、更有序地表达意见,养成协商意识、掌握协商方法、提高协商能力,最终实现基层民主协商水平的提升。在"三会"制度运用、自治项目实施过程中,越来越多的居民从家庭走入社区,各居民区普遍建立起30—80人的自治骨干队伍,并形成一大批自治团队和社区社会组织,增强了居民参与治理的组织化程度。比如,豫福街区路管会,原本是居民为配合"老城厢"综合整治而自发组建的街面巡查、监督的志愿者队伍。随着街面环境的好转以及新形势下基层治理的需要,这支队伍规模日益扩大,自治能力更是明显提升,已从"管马路"发展为"治街区"。通过对街区内53家沿街商户开展全覆盖需求调研和资源排摸,并组织商户、居民、社区单位等开展街区对话,协商制定街区自律公约,解决区域急难事。针对街区内复兴东路第三小学和傅家街幼儿园提出街区路面狭窄,车流人流量大,学生进出校门存在安全隐患的问题,在街区内招募志愿者担任校门安全引导员,专门负责疏导交通维护秩序,保障了学生安全,街区面貌更加有序,街区活力蓬勃激发。

### 2. 拓展应用平台,打造多元主体

加强"三会"制度在基层各类议事平台中的应用,依托"零距

离"家园理事会、社区代表会议等,推动业委会、物业公司、社会组织、驻区单位等多元主体共同参与协商治理;推进基层协商与人大协商、政协协商有效衔接,依托"三会"制度推动人大代表、政协委员主动参与基层协商,听民意、汇民声,打通基层民主的向上通道,同时发挥专业优势和协商经验,帮助提升基层协商的成效和水平。

### 3. 创设研学基地,提升治理能力

为进一步深化发展新时代党建引领下的"三会"制度,打造"全过程人民民主"的最佳实践地,黄浦区制定《关于建设"三会"研学基地的指导意见》,推进"三会"研学基地全覆盖建设,鼓励有条件的街道在辖区楼宇(园区)、街区层面建立"三会"研学基地,注重将基地打造成为集能力建设、实务研究、成果转化和推广展示于一体的主题空间,让用"三会"解决问题成为基层工作者和居民群众的行动自觉。作为"三会"制度的发源地,五里桥街道把位于紫荆居民区的一处多功能综合性居民活动室翻建转型为集交流展示、协商议事、教学研讨等功能于一体的研学阵地。同步组建基层社区治理讲师团,首批讲师由三名优秀的"80后"居民区党总支书记担任,运用研学教材和成熟教案,面向社区工作者开展教学研讨活动。

### (三)"三会"制度丰富的全过程人民民主基层治理应用场景

着眼于全面提升基层治理能力现代化水平,黄浦区持续推动"三会"制度向全域拓展,往社区深入、往楼宇延伸、往云端拓展,提升基层全过程人民民主的广度、深度、活跃度,"三会"制度在基层治理中高频效运用。

1. 往社区深入，破解治理难题

黄浦区把"三会"制度的适用领域从政府项目延伸到公共事务，凡涉及居民群众公共利益的事项都必须通过"三会"开展民主协商，并通过自下而上的方式形成自治议题、项目，引导居民全程有序参与，实现居民事居民议居民决。大到"旧改征收""加装加梯""垃圾分类""纾困惠企"，小到"弄堂清洁""车棚粉刷""楼道美化""卫浴改造"，"全过程人民民主"在基层一线展现出一幅幅生动图景。小东门街道依托"三会"寻找外力支持，积极动员社区联建单位参与老旧小区"微更新""空中平台改造"等街区共建项目，取得了良好效果。外滩街道积极发挥区域化党建的优势，在社区民警与黄浦区车辆停放管理有限公司的有力支撑下，实现与周边商务楼宇车位共享，成功解决困扰瑞福居民区多年的停车难问题。

2. 往楼宇延伸，优化营商环境

楼宇是竖起来的社区。黄浦区以"三会"制度推动楼宇善治，在经济社会最活跃的地方初显成效。为高质量推进楼宇党建、高品质服务楼宇企业、精细化治理楼宇社区，瑞金二路街道坚持全过程人民民主理念，在积极探索楼宇社委会工作机制的基础上，搭建党建引领下楼宇自治共治平台，探索形成楼宇治理"三会"（恳谈会、协商会、评议会）民主协商工作方法，探索由楼宇社委会牵头，搭建楼宇业主、物业、楼宇内党组织、企业、白领和街道所属行政力量六大类群体共同参与的协商议事平台，并借鉴居民区"三会"制度，探索制定楼宇"三会"（恳谈会、协商会、评议会）制度。其中，恳谈会负责征集楼宇企业、白领关心的各类热点难点问题，梳理其中涉及公共事务的相关内容，形成自治议题；协商会负责推动各相关方就议题开展协商议事，形成解决方案，并推进落实；评议会负责对议题完成情况进行评议，对下一步工作提出建议。楼宇社委会负责引导楼宇各类主体共同参与，通过"三会"开展协商自治，形成"收集问题、解决问题、评议复盘"的工作闭环。目前，该运行模式已经向园区延伸，在"八号桥"等创意产业园区得到实践深化，园区在瑞金二路街道党工委指导下成立"创梦桥"党建联盟、共治联盟，通过恳谈会、协商会、评议会更好地服务、凝聚、引领园区的企业、白领为园区发展提供强有力支撑。

### 3. 往云端拓展，提升数治效能

数字时代社会治理特别注重线上线下融合，黄浦不断推动"三会"制度创新实践走上数字"云端"、来到居民"指尖"，持续提升便捷度、活跃度和实效性。在区地区办牵线下，五里桥街道与市民政局相关处室积极对接，把"三会"制度纳入市"社区云"2.0版本，通过打通物理空间壁垒，实现"云端议事厅""科技绣花针"协同赋能基层治理，让基层民主协商成果更完整地存档、更方便地检索、更快速地分享，助力基层善治新模式不断向智能、精准的方向前行。

特别值得一提的是，2022年新冠疫情防控关键时期，居民"楼组群"开展"云协商""云听证"；同时，一系列最新防控政策、保供物资发放、社区邻里团购、志愿者招募等信息，及时权威发布，引导居民投入社区防疫，共同守护家园平安。老西门街道通过征收政策"云公布"、法律咨询"云解答"、答疑释惑"云沟通"，使得征收动迁工作在疫情期间不停步。淮海中路街道新天地、新华等居民区，充分运用业主群、楼组群，迅速高效征集居民需求信息，切实提升疫情期间居民区的应急处置能力。五里桥街道多个居民区引导居民开展"云协商"，把协商成果汇聚成《抗疫日报》，用"云治理"齐心守护家园。

## 三、经验启示

黄浦区落实基层社会治理创新的要求，持续深化发展"三会"制度，在推动"三会"制度的创新、推广和发展等方面进行了许多具有引领性意义的探索，不断提升基层民主协商的广度、深度、活跃度，逐步发展出了一条科学规范、运行完善、成效显著的基层全过程人民民主之路。通过全过程的制度化、规范化和精细化，让基层治理"议题由群众提出、决策从群众产生、成效交群众评议"的治理生态系统日益完善，促进基层治理更有秩序和更具活力。

### （一）注重"全过程"民主，增强治理程序的规范性

"三会"制度从"过程"角度设计基层民主程序，优化健全了"议题征询—决策听证—公示结果""民主恳谈—矛盾协调—落实责任""监督合议—结果评议—作出承诺"的民主运行机制，形成了一整套持久耐用、不断创新的制度支撑体系。"三会"制度在会议的安排上，每个环节都有明确的顺序，每次会议都分为准备、会中、会后三个阶段，每个阶段分别对应着不同的程序内容，将"三个前置会议"和"三制"分别作为听证会、协调会、评议会的内在环节，进而使"三会"从基层民主协商的方法上升为制度性规范。三个机制既相

互独立、自成系统，又相互联系、相互作用，共同形成有机整体，让社区公共议题有了制度依据和制度规范，为基层治理从无序走向规范开拓了一条制度路径，让社区各类主体可以在制度框架下解决自己的事情，促进社区治理向制度化、规范化、程序化方向发展。

### （二）注重"全主体"参与，提升治理主体的广泛性

有事好商量、众人的事情由众人商量，找到全社会意愿和要求的最大公约数，是人民民主的真谛。"三会"制度充分发扬"以人民为中心"理念，将人民置于治理的主体地位，明确"一核多元"的参与主体，推动居民群众、业委会、物业公司、社会组织、驻区单位等多元主体共同参与协商治理。在议事协商的过程中，充分征求居民和相关利益群体的意见，根据议题的需要确定参与协商的相关主体；通过多种形式向参与协商的各方提前通报协商内容和相关信息，从而保证各方在协商时对问题有充分的了解和准备，提升议事协商的质量；为各主体表达自己的诉求和意见提供充分的机会，并对这些意见进行综合，反馈给相关部门；组织实施协商成果，向协商主体、利益相关方和居民反馈落实情况，并通过各种形式、渠道公开，接受群众监督。"三会"制度扩大了居民参与民主决策、民主管理、民主监督的渠道，丰富了参与方式，明确了参与程序，支持和帮助居民群众更理性、更有序地表达意见，养成协商意识、掌握协商方法、提高协商能力，增强了基层群众的民主意识和民主能力，使得社会细胞都活跃起来，使"微治理"富有活力、更有效率，为建设人人有责、人人尽责、人人享有的基层治理共同体提供了坚实制度保障。

### （三）注重"全领域"应用，拓展治理范围的覆盖面

民主不是装饰品，不是用来做摆设的，而是要用来解决人民需要解决的问题的。"三会"制度在直面基层之惑中萌芽起源，又在回应时代之需中发展深化，历经20余载不断丰富进化、成熟定型。它之所以已经成为基层民主协商的重要载体，在基层社会治理中发挥重要作用，在于其能够有效回应社区民众的现实诉求，解决社区发展面临的现实问题，具有明确的现实导向性与强烈的问题意识，推动社区治理具体、现实地体现公共利益的实现和发展。

社会主义民主不仅需要完整的制度程序，而且需要民众完整的参与实践。这就要求全过程民主内涵中的民主参与不是局部的、零散的和碎片化的，而是全面的、系统的和整体性的参与，即民众的参与应体现在方方面面，以符合现代社会、政治生活的复杂性和系统性的演进趋势。"三会"制度的适用领域从政府项目延伸到公共事务，从社区拓展到多元治理场景，从线下跨越到线上，几乎涵盖了社区治理的全部内容，凡涉及社区公共利益的事项，都必须通过"三会"开展民主协商，并通过自下而上的方式形成自治议题、项目，引导民众全程有序参与，让用"三会"解决问题成为基层工作者和居民群众的行动自觉。通过这些"接地气、聚人气"的民主实践，围绕涉及自身利益的实际问题，发表意见建议，进行广泛协商，利益得到协调，矛盾有效化解，全面提升基层治理效能。

（刘小珍）

# "融合式自治"：
# 社区治理法治化的新路径

社区是社会的基本单元，社区治理在国家治理体系中占有重要基础性地位，是国家治理现代化的基础工程。党的二十大报告提出，要"推进多层次多领域依法治理，提升社会治理法治化水平"。改革开放40多年来，随着经济社会快速发展，社会结构快速转型，城市社区治理的主体、客体以及环境等发生了深刻变化，社区日益成为社会成员的集聚点、社会需求的交汇点、国家现代治理的着力点和党在基层执政的支撑点。而业委会法治化建设多年来一直是社区治理的痛点和难点，也是推进国家治理体系和治理能力现代化所面临的一个重大基础性课题。上海市黄浦区半淞园路街道近年来积极开展业委会法治化建设的创新实践，探索形成了一条"坚持党建引领、业主有序参与、依法依规依约"的社区法治化建设新模式，有效破解了业委会运行难题，为城市社区治理现代化提供了可资借鉴的宝贵经验。

## 一、基本情况

黄浦区半淞园路街道位于上海市黄浦区的东南角，东、南两面环黄浦江，面积2.87平方公里，常住人口8.8万，是中心城区典型的居住型社区。现有住宅物业小区97个，住宅成套率达90%，已建业委会92个，业委会组建率达95%，业委会成员中党员240名，占48%。以耀江居民区为例，该居民区是半淞园路街道内小区数量最多的居民区，共有10个商品房小区、3 115户居民，其中既有新开盘的商品房小区，也有房龄20多年以上的售后公房。近年来社区物业小区治理问题一直成为街道社区治理中的短板，直接影响居民的日常生活和社区的和谐稳定。一是一些小区居民不文明现象严重。有的小区乱停车现象突出，有的小区存在高空抛物现象，有的小区不文明养宠物问题严重。二是有的小区群租问题一直无法根治。群租问题不仅影响相邻居民的正常生活，更存在诸多安全隐患等问题。三是小区业委会不规范运行问题突出。有的物业小区业委会多年无法正常成立，有的物业小区业委会一直难以正常运转，等等。如何从制度上彻底解决物业小区治理难问题，让社区群众拥有一个和谐宜居的家园，成为近年来半淞园路街道党工委亟待破解的课题。

## 二、主要做法

为了回应社区群众的迫切呼声，从根本上破解长期以来的物业小区治理难题，从2012年开始，上海市黄浦区半淞园路街道党工委深入贯彻市委、区委关于"创新社会治理、加强基层建设"的工作要求，围绕加强社区治理的社会化、法治化、智能化、专业化的工作目标，立足社区居民对"宜居家园，美好生活"的向往，以加强业委会规范化建设为切入口，大胆开展业委会治理创新的探索和实践。2012年10月，在街道党工委的指导下，耀江居民区党总支探索设立了第一个"业委会党的工作小组"；2017年4月，上海市首个耀江版《住户守则》出台；2017年6月，半淞园路街道开展了首次"业委会法治评估"……通过5年多的探索实践，逐步形成了"坚持党建引领、业主有序参与、依法依规依约"的业委会三位一体"融合式自治"新模式。

### （一）探索社区党建新载体，坚持以党建引领业主自治

街道党工委积极探索创新住宅小区综合治理体制，坚持党建引领，充分发挥党建在业委会运行工作中的重要作用。

一是完善了住宅小区综合治理构架。街道党工委在居民区建立了"1+3"的住宅小区综合治理构架，"1"即居民区党总支牵头召集居民区综合治理联席会议作为议事决策层，"3"即党的工作小组、业委会主任联谊会、物业经理联谊会三个平台，三者既独立运转、各司其职，又相互支撑、协同配合。

二是组建了业委会党的工作小组。分"内生式"和"派驻式"两种模式党的工作小组，"内生式"即依托业委会成员中的党员组成的党的工作小组，"派驻式"即居民区党总支遴选有公信力、号召力、热心参与社区事务的党员，组成党的工作小组派驻到各业委会。党的工作小组逐步成为基层党组织监督、指导业委会工作的重要载体，成为社区党员亮身份、主动作为、发挥先锋模范作用的有效平台，发挥了智囊团、润滑剂、后援团的重要作用。

三是引领业委会依法依规运行。一方面,街道党工委加强对业委会换届选举的指导监督,确保了业主委员会依法依规选举产生;另一方面,街道党工委通过指导制定《业主委员会换届改选工作流程指南》和《业委会规范运作工作指南》等业委会工作规范,委托半淞园自治家园理事会开展业委会法治评估等方式,有力地引领和促进了业委会的依法依规依约运行。

**(二)搭建自治新平台,促进业主有序参与**

街道党工委积极搭建自治平台,促进业主有序参与,在业委会主任联谊会的基础上成立了"半淞园路街道业委会联合会",有力促进了业委会充分发挥主体自治功能。

一是为业委会开展工作提供专业服务。业委会联合会定期组织会员学法规、学政策,围绕业委会如何开展工作、如何处理好多层面关系及物业管理相关法律法规等内容进行学习交流。通过学习、交流与讨论,拓宽了业委会工作思路,增强了业委会工作能力。同时,联合会还对业委会提供各类专业技术支撑。

二是为业委会破解难题进行业指导。针对各物业小区普遍存在的共性问题,联合会通过召集小区业委会、物业公司、业主召开讨论会、听证会、协调会等形式,广泛听取民意、集中民智,合力研究解决广大业主关心的问题。

三是为住宅小区建设凝聚各方力量。业委会联合会目前共有单位会员70个,下设11个居民区分会(理事单位),由理事会负责日常工作。通过组织联合,凝聚各会员力量,充分发动各小区业委会及业主的资源、智慧和力量，实现共建共治共享，共同建设和谐美好的半淞园，发挥了 1+1 > 2 的重要作用。

**（三）创新法治方式，推进依法依规依约自治**

针对时有发生的业委会"不作为""乱作为""难作为"，街道党工委坚持运用法治思维和法治方式破解难题，着力推进业委会依法依规依约运行。

一是"实务培训"配套"治家讲坛"，提升规范运行意识。街道党工委坚持业委会定期培训制度和新任业委会成员上岗谈话制度，将业委会规范化运行的培训纳入"社区当家人"培训计划，各居委会书记、主任同步参加相关培训。主要围绕业委会换届及委员增补、物业服务企业选聘、维修资金及公共收益的使用管理等内容开展专题讲座，提高了业委会成员的规范意识和业务能力。

二是"顾问团"配套"专业律师"，提供全面法律服务。从2015年起，街道党工委建立了由行政、法律、物业、社区管理等各领域专家组成的业委会顾问团，为住宅小区综合治理重大事宜提供政策法规咨询、疑难问题研究、矛盾纠纷调处、业务培训等，帮助业委会解决运行中的各类疑难杂症。2017年开始，街道又与3家律师事务所签订协议，指定专人担任业委会联合会居民区分会律师顾问，帮助业委会开展培训、化解矛盾、提供法律咨询等全面法律服务，推动社区依法治理工作的进一步深化。

三是《操作指引》配套《住户守则》，完善"依法依规依约"制度体系。一方面，街道党工委为了增强业委会规范化运行的操作便利化，通过梳理相关法律规范，编撰了《业主委员会换届改选工作流程指南》和《业委会规范运作工作指南》，进一步规范业委会工作制度，为业委会依法依规运行提供了有效指导；另一方面，针对小区多发问题，指导出台了《住户守则》，形成了全面、具操作性的自治规约范本，并使之成为具有法律效力的"小区宪法"。

四是"法治评估"配套"引导资金"，变事后被动化解为事前主动引导。街道党工委制定《半淞园路街道业委会法治评估办法》，构建了上海市首个"业委会法治评估体系"，还委托"半淞园治理家园服务站"实施首次法治评估，邀请律师、业委会联合会理事等组成4个评估小组，对92个业委会开展全面体检，评选年度星级业委会，并对参评业委会逐个出具"法治建议书"。街道党工委还出台了《半淞园路街道业委会引导资金使用和管理办法（试行）》，星级业委会可以以项目形式向街道申报资金扶持，增强了法治评估的引导功能。

**（四）坚持法治与德治相结合，积极弘扬社区新风尚**

街道高度重视在社区治理中的道德引领作用，坚持法治与德治相结合，积极倡导"家庭和美、社区和谐"新风尚。

一是将"邻里和睦"等一些基本道德规范纳入《住户守则》，以软法引导社区居民讲文明，树新风。

二是以自治项目为抓手，通过社区文明风尚类自治项目积极推进社区道德建设。半淞园路街道社会组织服务中心精准对接各居民区的具体需求，引入专业社会组织开展自治项目服务，每年发布一批包括"小区治家类""文明风尚类"等自治项目，以项目化方式推进社区治理，培育社区文明新风尚。比如，2020年半淞园路街道市民居委的"温馨亲子角公益接班人"自治项目，通过建设"温馨亲子角"，给小区居民提供了一个休闲娱乐、沟通交流的场所，吸引小朋友和家庭参与亲子角的公益活动，还通过举办端午、重阳等传统节日的民俗活动，加深居民邻里关系和睦交流，加强志愿者团队建设，共建和谐文明小区。

三是定期举办诸如"业嫂（业哥）沙龙"等社区联谊活动，促进沟通交流。如耀江花园"业嫂（业哥）沙龙"的主要成员是业委会主任联谊会平台的成员家属，居民区邀请大家定期开展活动，在互动中纾解压力，鼓励大家了解、支持和配合做好业委会工作，分享有益经验，更好地增强业委会主任联谊会平台的凝聚力，促进平台的发展，不断提高社区治理水平与效能。

## 三、实践成效

上海市黄浦区半淞园路街道业委会"融合式自治"新模式将党建引领、业主当家和依法自治融合在一起，实行综合治理，在社区治理中充分体现"党的领导、人民当家做主和依法治国"的有机统一，有效破解了多年来城市社区物业小区治理难题，探索了一条具有中国特色的切实可行的社区治理新路径，取得了显著成效。一些长期困扰物业小区建设中的难题得到了彻底解决，广大小区业主的满意度和幸福感显著提升。半淞园路街道耀江社区《住户守则》还被评为"2017中国（上海）社会治理创新实践十大案例"。

### （一）强化了党对业委会工作的领导

"融合式自治"通过党建引领，强化了党对业委会工作的领导，充分发挥了党组织的凝聚力、战斗力、组织力。

首先，业委会换届改选有了主心骨。街道通过与区房管部门编制《业主委员会换届改选工作流程指南》，认真做好业委会的筹备和换届改选工作，切实把好业委会成员候选人推荐关和换届选举过程关，确保了各小区业委会筹备和换届改选的成功和有序。

其次，业委会依法运行有了引路人。街道党工委、居民区党总支通过构建住宅小区综合治理新体制、创新业委会党的工作小组新载体、对业委会成员开展定期培训等方式，加强了对业委会工作的引领，使各业委会成员对党的路线方针政策、物业管理相关的法律法规有了更加及时、全面的了解和把握，能够更好地将党和政府的决策部署与业委会工作有机结合起来，团结带领广大业主积极参与和谐小区建设。

再次，小区规范管理有了智囊团。街道党工委充分发挥总揽全局、协调各方的重要作用，居民区党总支通过党的工作小组及时听取和收集小区业主的意见和建议，针对有关重要问题进行深入研究，积极与各相关方沟通协调，指导业委会合力解决各类疑难问题，为保障业委会依法依规依约履行职责、有效维护业主的合法权益和住宅小区的和谐稳定发挥了重要的智囊作用。

### （二）增强了业委会主体自治功能

"融合式自治"通过搭建业委会联合会等自治平台，为业委会提供了工作交流的重要载体。

首先，满足了业委会成员的共同需要。通过街道业委会联合会定期开展工作会议、培训、研讨等，加强了各业委会之间的业务交流与借鉴，培育和提升了业委会自我服务的意识与能力；针对居民区乱停车、群租、高空抛物、不文明养宠物等小区共性顽疾，业委会联合会进行深入讨论研究，集体商讨对策，合力破解难题，为业委会提供了各类专业技术支撑。

其次，促进了业主利益主张和权利要求的有序表达。业委会联合会是由具有相同利益和需要的业委会结合而成的行业性、专业性、联合性的社会团体，代表业委会自治组织的整体利益。它能够以组织所拥有的各种资源、专业技能和专门知识，将各个业委会分散的利益要求统一起来进行集中有序表达，迅速地把业主利益诉求和权利主张传递到政府层面，同时也能快速地把政府层面的相关政策信息反馈给各业委会，从而架起了政府与各业委会自治组织的沟通桥梁，建立起一种紧密可靠的信任机制，为广大业主提供了一种有序有效的利益诉求表达途径。

再次，推进了业委会的组织自律。业委会联合会作为一种自治性民间社会团体，在对各个业委会的权利和利益进行协调、平衡的过程中，通过制定协会章程由协会成员共同遵守，培养了各联合会成员的理性自律精神，避免非理性的集体行动，促进了业委会运行的理性化和程序化，实现了对业委会运行秩序的自我调控，成为促进社区和谐秩序建立的重要力量。

### (三) 提升了业委会法治化运行水平

"融合式自治"通过推进业委会依法依规依约运行，有效减少了业委会日常工作中的瑕疵和问题，进而大大减少了业委会与业主、物业公司之间的矛盾冲突，促进了物业小区的和谐稳定。

首先，业委会工作有了"顾问团"。通过街道建立的包括行政、法律、物业、社区管理等各领域专家组成的顾问团，业委会可以针对换届改选、小区管理规约等重大事项及住宅小区综合治理的重大事宜及时向顾问团寻求专业咨询帮助，从而有效预防运行风险，减少矛盾和冲突的发生，并借助外脑有效解决日常工作中的各类疑难杂症，更有效地维护广大业主合法权益。

其次，小区自治有了"根本法"。出台《住户守则》，一方面具体规范了业主（住户）在宠物饲养、车辆行驶与停放、小区通行、相邻关系等方面的行为，从而让小区住户有了更加清晰的行为指引；另一方面，通过实施分级处置，如对于违反车辆行驶和停放规定的，业委会和物业公司可以要求相关责任人限期改正；对逾期不改的，业委会可以将车主的信息在小区公示；等等，从而有效提升了守则的约束力和实效性，也杜绝了小区不文明行为的发生。

再次，依法运行有了"标杆尺"。街道通过制定业委会规范运作评估指标，委托"半淞园治理家园服务站"专业社会组织开展一年一次的业委会法治工作评估，根据评估结果分别向每个业委会发布《业委会法治评估结果报告及法治建议书》，"一会一策"地提出关于日常制度及文书规范、业委会会议规范、维修资金公共收益使用管理规范、物业选聘与监督规范等方面的完善建议，有效提升了业委会规范化运行水平。通过评选"星级业委会",设立配套"业委会引导资金"对星级业委会加以正向激励,不仅使业委会工作有了清晰明确的标准参照,更充分调动了业委会自觉依法依规运行的积极性和主动性。

## 四、经验启示

从 1991 年 3 月中国第一个业委会——深圳市罗湖区万科集团"天景花园业委会"诞生至今,我国的业委会建设走过了近 30 年的发展历程。虽然物业管理相关法律规范不断完善,业主自治意识日渐增强,但业委会不规范运行问题一直难以有效破解。半淞园路街道业委会"融合式自治"的新模式,坚持以党建创新促进社区治理创新,以党建引领社区业委会规范化建设,跳出了"头痛医头、脚痛医脚"的传统治理思路,有效解决了业委会运作中的"不作为""难作为""乱作为"难题,为新时代住宅小区业委会规范化建设提供了重要的启示和借鉴。

### (一)深化社区治理是完善城市现代治理体系的应有之义

城市社区是城市社会治理的基本单元,深化社区治理,不仅是完善城市现代治理体系的应有之义,也应成为城市治理能力现代化的重要内容。

一是要将社区治理放在城市现代治理体系的重要高度。党的十九大报告提出要加强社区治理体系建设,推动社会治理重心向基层下移,打造共建共治共享的社会治理格局。2014 年 3 月 5 日,习近平总书记在全国两会上参加上海代表团审议时强调,"加强和创新社会治理,关键在体制创新,核心是人,只有人与人和谐相处,社会才会安定有序。社会治理的重心必须落到城乡社区"。① 因此,必须深入贯彻党的十九大精神和习近平新时代中国特色社会主义思想,将社区治理放在城市现代治理体系的全局高度来考虑和推进。

二是要抓住业委会建设这个社区治理的"牛鼻子"。随着城市的飞速发展,社区已经由过去一个个较为分散的没有围墙的聚居区转变为一个个现代化的物宅小区。一个物业小区少则几十户人家、多则几百、上千户人家,构成了现代城市的重要基础单元。住户与住户之间、业主与业委会之间、业委会与物业之间的各种冲突交织在一起,使得社区物业纠纷已经成为城市社区普遍存在的社会热点和难点问题。因此,城市社区治理必须牢牢抓住业委会建设这个"牛鼻子",促进业委会规范化运行,使业委会真正成为广大小区业主利益的真实代表,成为住宅小区和谐稳定的重要支撑。

三是要以增强业主获得感为宗旨,努力形成共建共治共享的社区治理新格局。深化社区治理,其根本宗旨还是为了解决群众关心的社区热点、难点问题,让社区群众拥有更多的获得感。因此,每一项政策举措,每一个治理创新,都要以是否能促进物业纠纷的有效解决、是否能促进和谐家园的建设、是否能增强社区群众的获得感为出发点和落脚点。唯有如此,才能在党和政府的积极引导下,充分调动

---

① 《两会授权发布:习近平参加上海代表团审议》,https://www.chinadaily.com.cn/hqzx/2014qglianghui/2014-03/06/content_17326005.htm。

企业、社会和个人的力量参与到社区建设中来，真正形成"社区是我家，建设靠大家"的共建共治共享的社区治理新格局。

### （二）依法规范业委会运行是深化社区治理的关键环节

法治是实现国家治理体系和治理能力现代化的重要依托，是社会治理的基础性保障，也是社区治理能否成功的关键所在。

一是要牢固树立业委会法治化的理念。业委会虽然是业主大会选举出来代表广大业主行使物业管理的权力，但这种权力同样需要受到《物权法》等法律法规的规范和制约，业委会运行不能随心所欲。与此同时，法律也赋予了街道等相关政府部门对业委会运行的指导、服务和监管职责，相关政府部门对于业委会的规范运行，不仅享有权力，更负有不可推卸的责任，不能放任不管。因此，无论是业委会，还是相关政府部门，都必须牢固树立业委会法治化的理念，坚持运用法治思维和法治方式来规范业委会运行。

二是要增加对业委会工作的法律服务供给。业委会的日常运行是一项法律要求很强的工作，从日常会议制度，到维修资金、公共收益使用管理，再到物业的选聘与监督等，这些涉及广大业主权益的重大决策，法律规范都有严格的程序性要求，任何瑕疵都可能引发法律风险和物业纠纷。然而，目前国内大多数的小区业委会成员缺乏法律专业素养，缺少购买法律服务的资金来源。这就要求政府部门将业委会法律服务纳入政府法律服务供给范围，通过政府购买服务等方式聘请律师为业委会提供包括法律咨询、知识培训、业委会运行指导、社区纠纷调解等多方面的法律服务，为业委会依法运行提供法治支撑和保障。

三是要强化对业委会依法运行的引导与监督。权力不受约束，必然会导致腐败，业委会也是如此。由于业委会代表广大业主行使管理物业小区的重要权力，加之业委会工作大多是没有劳动报酬的志愿性工作，广大业主又缺乏参与和监督的意识和能力，在面对各种利益诱惑，业委会容易出现违反物业管理法律规范、损害全体业主利益的问题。这也是国内许多物业小区矛盾纠纷长期难以有效解决的根本原因。因此，必须加强对业委会规范运行的引导与监督，创新法治方式，采取诸如"法治评估"等方式，来检验和发现业委会在日常运行中存在的违法违规问题，提出改进完善的意见建议，以引导、提升业委会依法运行管理的水平。

**（三）推动业主有序参与是业委会规范化建设的重要基石**

人民民主是社会主义的生命，民主的朴实真谛就是"有事好商量，众人的事情由众人商量"。规范业委会运行的根本动力就在于激发业主自治活力，让广大业主都积极参与到小区建设中来。

一是要积极挖掘业主自治骨干。物业小区内蕴藏着许多有各种技能、才能和专业特长的"能人"，要善于发现、培养他们，发动"社区人"做好"社区事"，吸引广大业主"亮身份""亮技能"，积极参与到和谐家园建设中来，在参与小区治理过程中产生"被重视""被需要"的价值感、荣誉感和成就感，从而逐渐成为共建家园的"共同体"中的一员，增强小区建设的内生动力。

二是要积极搭建业主自治平台。由于业委会是一个由非专业性的志愿性的业主组成的自治组织，因此，基层党政部门要积极搭建诸如

"业委会联合会"这样的行业性、专业性、联合性的自治团体,来倡导和组织各业委会实行自我服务、自我管理、自我教育和自我监督,促进辖区内各业委会之间的业务交流、合作,提高业委会规范化运行水平,充分发挥业主主体自治功能。

三是要善于发挥业委会联合会等协会组织的自律功能。民主与法治要求对权力的制约和对权利的保障,它以扩大和增强市民社会自主领域与自律能力为指向。因而,在国家权力控制范围缩小的同时,社会自律秩序的确立就成为民主与法治必不可少的条件。而自治性社会组织通过其沟通与协调功能,实现了组织内群体利益与国家利益的沟通以及内部力量的自我协调与平衡,从而提供着以自我调控为基础的自生自发秩序。因此,要积极发挥类似半淞园路街道的业委会主任联谊会、业委会联合会等自治组织在推进业委会规范运行中的指导、服务、协调、监督等重要作用,促进业委会整个领域的自律和依法运行。

### (四)加强党的领导是业委会规范化建设的根本保障

习近平总书记在党的十九大报告中强调,"党政军民学,东西南北中,党是领导一切的"。[①]"融合式自治"新模式的成功实践再次证明,只有加强党对业委会建设工作的领导,才能确保业委会运行不走样、不变形,才能确保业主自治既生气勃勃,又井然有序。

---

① 习近平:《决胜全面建成小康社会 夺取新时代中国特色社会主义伟大胜利》,人民出版社2017年版。

一是要积极发挥基层党组织在业委会规范化建设中的领导核心作用。要健全社区党建工作运行体制和机制，改进党的领导方式，从需求导向和问题导向出发，创新工作方法，依托街道、居民区、业委会和物业公司多方联席会议等各类实体化的工作载体，在业委会规范化建设中，不断提升党组织的领导力、凝聚力和影响力，使党组织成为业委会工作中的"主心骨""引路人"和"智囊团"。

二是要创新党建新载体，实现业委会党的组织和工作全覆盖。党的领导与人民当家做主是有机统一的，业委会工作的好坏直接关系到成百上千社区群众的切身利益，离不开党的领导。要通过创新党建新载体，建立诸如业委会党的工作小组、业委会党小组等组织，将党的组织向业委会有效延伸，从而实现业委会党的组织全覆盖，进一步发挥党组织在业委会日常工作中的引领作用。

三是要积极发挥社区党员的战斗堡垒作用。物业小区的在职党员、离职党员、流动党员不在少数，应该充分发挥单元业主在小区建设中的先锋模范作用。一方面，要在业委会换届选举时把好人选关，积极推进业委会与居民区党总支、居委会成员的交叉任职，积极推荐那些热心服务群众、工作认真负责、群众威信高的社区在职党员、离退休党员作为业委会委员候选人，鼓励、支持他们进入业委会为社区居民服务；另一方面，要积极引导社区全体党员业主积极参与小区管理，为小区建设献计献策，支持协助业委会化解小区各类矛盾问题，为业委会工作提供坚强有力的队伍支撑和人才保障。

（黎明琳）

# 协商共治打造南昌路活力街区

党的二十大报告指出,要"健全城乡社区治理体系,及时把矛盾纠纷化解在基层、化解在萌芽状态"。"基础不牢,地动山摇",社会治理的重点和难点均在基层。习近平总书记高度重视基层治理工作,并反复强调要深刻认识和全面把握基层治理的重大战略意义。习近平总书记指出:"基层是一切工作的落脚点,社会治理的重心必须落实到城乡、社区。"基层治理的核心要义是要加强社区治理体系建设,推动社会治理重心向基层下移,发挥社会组织作用,实现政府治理和社会调节、居民自治良性互动。

新时代背景下,城市基层治理已经成为治国理政最基础性的环节之一,我们要不断推进城市治理模式创新、治理方式重塑、治理体系重构,全面提升城市基层治理科学化、精细化、智能化水平,这对于不断探索超大城市治理新路、建设人民城市具有重大战略意义。位于上海市黄浦区瑞金二路街道的南昌路街区是红色初心的起航地,亦是文化与科学的交融地,这里红色文化资源众多。2019—2021年,瑞金二路街道发挥党建引领功能作用,对南昌路街区完成了首轮三年综合改造,打造了一个墙内居民安居、墙外商户乐业、市民游客向往,兼具缤纷"高大上"和浓郁"烟火气"的魅力人文驿站。今天的南昌路街区建筑精美、宜居宜游、人文荟萃，处处弥漫着浓厚的历史人文气和人间烟火气。

## 一、背景情况

南昌路东起重庆南路，西至襄阳南路，全长1.6公里。南昌路是一座没有围栏的博物馆，漫步于南昌路街头，每处建筑都有一段传奇，每条弄堂都隐藏着或多或少的秘密。这里坐落有中国共产党发起组成立地（《新青年》编辑部）旧址、科学会堂以及郭沫若、林风眠、徐志摩等众多文化名人故居，在这里我们可以深刻感受到红色文化与现代文明的融合和交流。但在2018年之前，南昌路街区存在着诸多方面亟须解决的突出问题。

一是街区建筑年久失修，外观破旧。街区内存在较多的老旧公房小区，这些建筑因建造年代久远，结构损坏严重，且存在较多安全隐患，很多历史文物建筑外表脱皮较为严重，较大程度影响着街区形象。

二是街区基础设施配套落后，生活不便。街区内存在着水电设施腐蚀老化、房屋漏水、车辆违停、违章搭建、电瓶车飞线充电等问题，街区群众生活不便。

三是街区群众矛盾突出，获得感不高。街区内老年群体占比高，居民与居民之间、居民与商户之间、居民与物业之间存在较多矛盾，缺乏街区商户和居民参与社区自治的常态有效机制，街区群众较为迫切的自我管理愿望得不到较好的实现和满足，街区群众认可度不高、获得感不强。

四是店招店牌风格不协调，经济活力不足。街容街貌和街区活力有待进一步提升，店招店牌整体风格有待进一步统一和提升，街区整体业态和商铺经济活力有待进一步整合和激发。

## 二、主要做法

瑞金二路街道牢固树立人民城市重要理念，坚持发挥党建引领作用，坚持系统思维协同推进，围绕修旧如旧、跨界自治、科技赋能等重点环节，着眼街区"高质量发展、高效能治理、高品质生活"，推动多主体协商共治，以激发和重塑街区群众的自治主体意识为理念，以培育和提升街区群众多元主体的获得感为目标，积极探索南昌路街区科学化、民主化和精细化治理。经过三年不懈努力，逐步形成了党建引领作用有力、民主协商功能较强、多元共治效能较高的街区治理体系，南昌路街区的活力重新展示在世人面前。

### （一）以提升街区群众体验为中心，实施修旧如旧微更新

#### 1. 坚持"修旧如旧"重要理念

修旧如旧是中国历史建筑保护修复的一个重要理念，其确切意义在于，在保护历史建筑的文物价值前提下，最大程度地维持其历史人文价值和艺术价值。一段时期，我们对历史建筑维修的传统做法是所谓的"鼎故革新"和"拆旧建新"，追求的是"焕然一新"的效果。著名建筑学家梁思成指出，"把一座古文物建筑修得焕然一新，犹如

把一些周鼎汉镜用桐油擦得油光晶亮一样,将严重损害到它的历史、艺术价值"。他提出修复历史建筑的重点是保存和恢复历史建筑的原状,也即在修复文物建筑的时候,要注重对建筑风格面貌的继承,尤其是要注重对历史建筑人文价值的赓续传承。

百年南昌路街区地处衡复历史文化风貌区,是近年来黄浦区努力打造的历史风貌保护、老旧建筑活化利用的路段之一。针对历史人文建筑众多的实际情况,街区治理的目标不是单纯为打造一个繁华的商业街而毁掉一个历史文化街区,而是两者兼顾,双管齐下,因为"保护历史建筑是要使它延年益寿,而不是返老还童"。南昌路街区综合治理首轮三年行动计划自2018年实施,于2021年上半年基本完成。其间,瑞金二路街道与相关职能部门、区属企业集团密切合作、协同作战,积极探索精细化管理新模式,促使南昌路街区在保留历史风貌的基础上焕发出全新生机与活力。

**2. 综合整治、实现街区容貌微更新**

瑞金二路街道结合街区文物建筑保护实际,坚持修旧如旧原则,实现街区容貌微更新。针对街区建筑陈旧、违法搭建和停车乱象,街道坚持党建引领,以问题为导向,一体化协同推进南昌路街区治理。街道坚持法治思维,通过依法依规、精准施策,统筹多方力量,以争取自拆、积极帮拆、依法强拆为基本工作思路,召开居民协调工作会议30余次,制定"一户一方案",对南昌路街区东段违章建筑进行集中拆除和整治。以文明城区创建为契机,积极开展弄堂楼道秩序治理,协调街区多方主体共同参与,拆除50余处店铺违章搭建,开展群租整治,积极打造"无违建、无堆物、无群租"示范小区。街道以区域党建联建为载体，联合南昌路街区区域内单位积极开展错峰停车行动，并联合街道综治、市场监管、公安民警等行政力量，强化街容街貌综合治理。在街区旧房改造时坚持修旧如旧原则，在修葺一新的同时维持文物建筑风格不变，不断实现街区容貌微更新。在20世纪70年代出生于南昌路的任昊记忆中，曾经的南昌路烟火气里夹杂着苦涩，管线设施陈旧导致安全隐患突出，他直言："若非近几年政府从改善老百姓的生活着手，对南昌路街区里里外外进行综合改造，南昌路是承托不起如今的'高大上'的。""仅我家所在的这栋楼，工作人员就上门了十几次"，任昊感动地说。综合改造项目启动后，项目工作人员首先深入街区群众家中，就施工设计规划方案进行多次耐心沟通，用富有温情和温度的"一户一方案"，从根本上结束了困扰街区群众多年的"油烟排不出、墙面油渍厚、浴缸跨不进"的尴尬局面。同时，街道针对街区老年人居家养老特殊实际需求开展适老化改造，改善街区老年人群体的居住环境。

3. 呼应文脉、展示人文新空间

2010年，泰戈尔铜像落地南昌路街区，经2021年的街区改造，泰戈尔花园应运而生。泰戈尔花园的建筑外立面采用红砖底色，通过设计打造具有高区分度的矮墙树池供街区群众和游客观赏游憩，设计建造与南昌路街区文脉呼应的人文铁艺廊架朗读亭，旺盛的爬藤植物顺势攀援而上，在精致的南昌路街角间展现出一抹靓丽色彩的人文空间，南昌路街区顿时充满了诗情画意。经过协同治理，崭新的街区环境、有序的街区秩序和诗意的人文氛围在街区竞相呈现，街区群众的满意度随之悄然提升。

### （二）以民主协商凝聚街区共治强大合力

居民、商户都是南昌路街区精细化管理的服务对象，也是南昌路魅力街区建设不可或缺的参与者。瑞金二路街道为发挥街区群众的治理主体作用，积极探索党建引领作用下的自治共治新路子，在街区"墙内"尝试建立"自治家园"治理机制，在街区"墙外"凝聚多方主体参与自治共治。

#### 1. 打造"金咖联盟"，优化街区营商环境

"金咖联盟"是瑞金二路街道于2021年初全新打造的服务功能型咖啡商户开放式自治平台，"金咖联盟"以咖啡文化为纽带，以商铺自治为基础，旨在凝聚街区咖啡资源，通过品牌联动、信息共享和业态提升，优化街区营商环境，切实提升街区活力。截至目前，"金咖联盟"已汇聚街区内50余家特色咖啡商铺，在街道支持下，"金咖联盟"主动创新组织诸多活动，相互抱团，擦亮品牌。比如，2022年11月在上海文化广场举办的金咖联盟"红房子杯"咖啡大赛暨黄浦区职业技能竞赛咖啡专项赛颁奖仪式现场，集结了南昌路街区周边的人气咖啡店，通过特色"爆款饮品"在线人气投票比赛，最终角逐出咖啡饮品奖项。参赛选手共同切磋咖啡精湛技艺，弘扬咖啡文化风尚。南昌路街区成熟完备的咖啡业态和营商环境，吸引了不少咖啡业界的视线，比赛当天有不少有意投资咖啡店的店主向大赛主办方咨询招商引资政策，希望能在南昌路街区实现创业。当天，瑞金二路街道市场所党支部还将设在文化广场的"金咖联盟"列为党建联系点，将党建工作融入市场监管和服务企业的工作全程。而作为黄浦区首家"小个专党建联系点"，市场所党支部还专门为金咖联盟党支部安排了

一名党建指导员,通过红色引擎的党建引领作用,在金咖联盟支部党员及成员单位的资源共享和共建互通中,为协同打造"有历史深度、有情怀广度、有人文温度"的南昌路活力街区注入强劲动力。

### 2. 打造"楼宇社委会"助力街区群众"乐业"

街道认真贯彻"楼宇是竖起来的居民区"的理念,积极打造由党群工作、企业服务人员等组成的,市场监管、城市管理等部门参与的"楼宇社委会",在标志性楼宇中设立服务站,确保企业各类诉求能够得到快速响应和处置,在安居的基础上让企业和白领"乐业"。与此同时,在楼宇社委会内积极引进在社群关系维护、活动品牌策划等方面拥有一定经验的专业社会组织,组织相关丰富多彩的活动,激发楼宇白领和企业参与治理的积极性,提升"两新"组织党建与楼宇企业精准服务的双重效能。

### 3. 搭建"环复—南昌路跨界自治会"实现各主体自治共治

街区治理创新的关键在于丰富治理载体和平台,通过多元治理平台寻求和汇集街区民意最大公约数。一直以来,南昌路街区居民间、商户间、商户和居民间隔三岔五产生的矛盾和纠纷得不到较为积极妥善的解决和处理。为更多凝聚治理共识、凝聚治理合力、解决社群矛盾,街道发起成立了由专家学者、律所律师、社区居民、商店店主等各方主体力量共同参与组成的"环复—南昌路跨界自治会",搭建全新的议事协商载体平台,凝聚街区商户共识。自治会设置风貌保留自治组、绿色生活组、停车自治组和商铺治理组。自治会制定《南昌路店招店牌导则》,指导街区各商户在保留自身品牌店招特色的同时,让店招店牌的配色与风貌区的整体风格相适应。比如《南昌路店招店牌导则（初稿）》第 18 条规定："店招招牌的色彩需要与街区统一和谐，原则上不得大面积使用高彩度的色彩。高彩度色彩可以作为点缀色使用，面积不超过整个店招招牌的 1/10。"同时，自治会相关专家也表示，未来的店招应该注重生活化、文化性、艺术性，达到"有序、安全、美观、多样性"。导则的实施妥善解决了商铺招牌主体风格、基本尺寸等不统一导致街区容貌不协调、不美观等难题，缓解和减少了商户间的摩擦，有效促进了街区整体文化氛围的营造。

4. "街容店貌责任制"App 让街区小店"日夜相守相聚"

在跨界自治会运行中，街道注意到不少新进商户由于不了解相关政策法规和办事流程而影响了经营成效。在 1.6 公里的南昌路上汇集了 200 多家人气精品店铺。2022 年下半年"街容店貌责任制"线上管理 App 的上线将商铺店主最关心的"开店七件事"流程梳理得格外清晰：店招店牌、房屋安全、疫情防控、经营秩序、应急排险、垃圾分类、食品安全纳入一站式服务体系，这 200 余家沿街小店也就此"日夜相守相聚"，成了这个平台的主人翁，店主们有的放矢积极参与街区治理。以店铺装修为例，通过该平台，商户可一站式清楚掌握各类装修规范，比如如何文明施工、如何处理建筑垃圾等，也可在该平台同时完成装修报备；对于餐厨垃圾处理，平台也能精准引导商户根据相关规定准确操作处置，达到"让管理不僵化、服务走进门、自律不再难"的积极效果。

### （三）以人文和科技为动力，激发百年街区无限活力

街道坚持因地制宜原则，依托街区深厚的历史人文资源，举办各

类特色活动积极打造街区"零距离服务圈"。同时街区注重科技赋能，充分利用科技提高治理能效，进一步激发街区活力。

### 1. "转角遇到音乐"成为时尚新选择

"转角遇到音乐"项目是瑞金二路街道践行"人民城市人民建，人民城市为人民"重要理念，营造文明活力社区家园，多层次展示人文艺术的群众舞台。自2020年10月首场活动举办以来，"转角遇到音乐"项目吸引了来自上海音乐学院、上海音乐学院附中、上海民族乐团、魔笛乐团、七个蝌蚪青少年乐团等专业及音乐爱好者百余人，为街区播下了爱生活、爱音乐的种子。"转角遇到音乐"活动品牌以每月一个主题、每周一次展演的方式，在南昌路47号科学会堂门廊举办，成为街区艺术爱好者展示自我、追逐梦想、享受出彩时光的大众舞台，也成为市民游客周六逛马路、听音乐、品咖啡、感受美好生活的一种时尚品质新选择。

### 2. "瑞金·人文会客厅"提升街区人文品质

作为街区著名的人文驿站之一，"瑞金·人文会客厅"于2021年5月在南昌路152号正式启用。人文会客厅瞄准"文旅咨询服务、社区探寻导览、人文艺术展陈、公益文化沙龙"四大功能，为街区商户、居民和游客提供多样化服务。人文会客厅立足于"荟萃人文蕴脉，分享文化精彩"，这一空间的正式启动为南昌路街区再添一枚重磅文化标识。街道与区文旅部门正加大资源整合和产品升级力度，推出创新营销、I游黄浦、城市微旅行、沉浸式体验等方式，合力协同打造活力街区的人文驿站，探索文旅咨询服务聚焦社区建设和后街经济，将南昌路街区打造成为"主客共享、文化底蕴丰富、文化特色鲜明"的全域旅游活力休闲街区。

### 3. 人工智能定制数字化应用场景

南昌路街区采用无人机倾斜摄影技术、三维激光扫描技术和近景摄影技术等精细三维测绘技术对街区进行数字化测绘，原汁原味留存历史街区的风貌风格等三维信息，采集并更新重点智能感知数据，利用现代人工智能技术，对南昌路街区长期保护和运营维护提供数字智能支持。近年来，街道还引进商汤科技，运用AI+AR技术，通过文旅数字化打造可感可知的历史风貌网红街道。即将推出的"数字南昌路"小程序，也将为南昌路量身定制数字化应用场景，让布满故事和诗意的街区走进更多人的生活。

## 三、经验启示

在各方共同努力下，2021年底南昌路街区综合治理1.0版本和2.0版本已完成，目前南昌路街区治理正在向3.0版本迈进。南昌路活力街区建设的成功探索是上海基层治理的一个生动实践。在此实践中，我们总结以下几点经验启示，以期对上海相关街区治理提供有益参考。

### （一）坚持党的全面领导

中国特色社会主义最本质的特征是中国共产党的领导，中国特色社会主义制度的最大优势是中国共产党的领导。党的二十大报告指出："坚决维护党中央权威和集中统一领导，把党的领导落实到党和国家事业各领域各方面各环节,使党始终成为风雨来袭时全体人民最可靠的主心骨,确保我国社会主义现代化建设正确方向,确保拥有团结奋斗的强大政治凝聚力、发展自信心,集聚起万众一心、共克时艰的磅礴力量。"国家各项事业发展均离不开党的领导,同样,基层治理也不能缺乏党的领导和党建引领作用。党的领导决定着街区基层治理的方向和质量,党建引领作用发挥得好不好、发挥得到位不到位也直接影响着街区治理的质量和效能。据此,我们在街区基层治理中务必牢牢坚持党的全面领导,坚定不移坚持党建引领原则。

### (二)坚持为民服务

党的二十大报告指出要"坚持以人民为中心的发展思想。维护人民根本利益,增进民生福祉,不断实现发展为了人民、发展依靠人民、发展成果由人民共享,让现代化建设成果更多更公平惠及全体人民"。无论进行何种革命、建设和改革任务,我们党均是充分发扬人民群众的主体自觉性和历史创造性,都始终代表最广大人民群众的根本利益,始终与人民群众休戚与共、鱼水交融。街区基层治理的一系列治理创新举措,其根本目的就是为了街区老百姓和市民游客的切身利益。因此,我们在街区基层治理中,无论何种思路、何种载体和何种方案,均要坚持为民服务原则,坚持人民中心立场,在创新治理实践中及时发现群众的急难愁盼问题,妥善解决。

### (三)坚持全过程人民民主

党的二十大报告指出:"积极发展基层民主。基层民主是全过程人民民主的重要体现。健全基层党组织领导的基层群众自治机制，加强基层组织建设，完善基层直接民主制度体系和工作体系，增强城乡社区群众自我管理、自我服务、自我教育、自我监督的实效。"基层治理要积极不断完善机制体制，拓宽基层各类群体有序参与基层治理渠道，保障人民依法管理基层公共事务和公益事业。全过程人民民主的形式和载体可以多样化而且应该多样化，以跨界自治会为代表的治理平台就是彰显全过程人民民主的生动载体，它对于增强街区群众主人翁意识和创造积极性发挥着独特效果。

### （四）坚持科技赋能

社区治理是社会治理的重中之重，是实现社会治理现代化的重要基础。如何利用科技赋能，有效提高社区治理的精准度和精细化水平，已成为当前社区治理的前沿需求。针对服务供给不均衡、不精确等问题，要依托互联网和大数据等信息技术，提升居民生活便捷化和智能化体验。要以大数据应用为契机，以"应用为要、管用为王"为目标，推进综合治理体系建设，增强社区治理实效。要发挥数据赋能、科技赋能重要作用，在党建引领、高效服务和实时监督上下功夫，搭建层级清晰、内容明确的应用体系，着力提升社区治理现代化水平。

### （五）坚持精品意识

一流的街区需要一流的产品服务，打造活力街区须有精品意识。树立精品意识，就要克服"差不多""还凑合"等思想。一流街区建设，必须树立精品意识，树立品牌意识，坚持创新思维。大到每项工程，小到一草一木、一砖一瓦，都要发扬工匠精神，下足绣花功夫，努力打造成精品，否则我们的街区产品要么有"克隆复制"的痕迹，要么就导致"穿龙袍不像太子"的结果，项目落地即成为"劣等品"。

习近平总书记指出："基层强则国强，基层安则天下安。"我们要以习近平新时代中国特色社会主义思想和党的二十大精神为思想引领，把握历史主动，继续坚持党建引领，深入践行人民城市重要理念，牢牢坚持全过程人民民主原则，不断建立健全街区基层治理机制，进一步丰富街区基层治理载体和平台，不断提升街区基层治理现代化水平和效能，为黄浦加快建设具有世界影响力的社会主义现代化国际大都市核心引领区凝聚磅礴伟力。

（陈云龙）

# 城区发展篇

# 以法治思维打造国际一流营商环境

法治是国家治理体系和治理能力现代化的重要依托和标志，也是城区发展软实力的关键要素，是市场经济发展的重要保障。习近平总书记在党的二十大报告中强调，"高质量发展是全面建设社会主义现代化国家的首要任务"，要"营造市场化、法治化、国际化一流营商环境"。近年来，黄浦区始终将优化营商环境建设全面纳入法治化轨道，着力打造贸易投资便利、行政效率高效、政务服务规范、法治体系完善的国际一流营商环境，为黄浦经济的高质量发展提供强有力支撑。

## 一、背景情况

营商环境是企业生存发展的土壤，直接关系市场主体的活力和经济发展的动力。长期以来，我国市场主体之间形成的事实不平等成为困扰中国市场化改革的核心顽疾，国有、民营、外资在市场准入和机会获得方面存在的差异，迫切需要通过法治化手段加以有效解决。2018年11月5日，习近平总书记在首届上海中国国际进口博览会开幕式上做主旨演讲时提出，要"营造国际一流营商环境"，并强调

"营商环境只有更好,没有最好",为各地建设市场化、法治化、国际化营商环境提供了重要遵循。2020年4月,上海出台《上海市优化营商环境条例》,强化了政府优化营商环境的法定义务,明确了上海打造贸易投资便利、行政效率高效、政务服务规范、法治体系完善的国际一流营商环境应当坚持的原则、标准和具体任务。2022年1月,上海市营商环境创新试点动员大会暨法治政府建设、"一网通办"改革推进会议进一步提出了上海优化营商环境建设的目标任务,即"加快把上海建设成为贸易投资最便利、行政效率最高、政府服务最规范、法治体系最完善的一流营商环境标杆城市"。

黄浦区是上海中心城区核心所在地,是上海的经济、行政和文化中心所在地,也是党的诞生地、初心始发地、伟大建党精神孕育地所在区。黄浦区商业繁华、文化繁荣、旅游繁盛,服务经济、楼宇经济、涉外经济特征明显。尤其是外滩金融集聚带,在近代时期就有"东方华尔街"之誉,金融要素齐全,金融机构集聚,金融产业生态日趋完善,已基本形成与陆家嘴金融城错位互补协同发展的格局,是上海国际金融中心核心功能区之一。与此同时,上海各区域间商业发展的竞争日趋激烈,加之黄浦区二元结构突出,招商留商的压力也逐年加大,亟待通过改革创新,特别是以法治思维和法治方式来进一步打造投资便利、行政高效、服务规范、法治完善的国际一流营商环境,从而有效破除影响黄浦经济高质量发展的体制机制障碍,持续保持黄浦区域经济社会发展的标杆优势和强大竞争力。党的十八大以来,黄浦区始终高度重视营商环境建设工作,坚持以习近平法治思想为指导,坚持改革创新,着力打造"贸易投资最便利、行政效率最高、政府服务最规范、法治体系最完善"的一流营商环境标杆区，取得了显著成效。经济增长保持"强动力"，国际化环境更具"吸引力"，市场主体服务再上"新台阶"，实现了众多"首创、首案、首例"，并成功入选2020年首届全国法治政府建设示范区。

## 二、主要做法

黄浦区坚持市场化、法治化、国际化原则，以市场主体获得感为评价标准，以政府职能转变为核心，以"一网通办"为抓手，全面深化"放管服"改革，践行"有求必应、无事不扰"的服务理念，对标最高标准、最高水平，为各类市场主体投资兴业营造了稳定、公平、透明、可预期的国际一流营商环境。

### （一）保障各类市场主体公平竞争，营造最优市场环境

黄浦区紧紧抓住公平竞争的市场经济核心，着力构建高标准的统一、开放、竞争、有序的现代市场体系，营造最优的市场经济环境。

#### 1. 深入开展规范性文件公平竞争审查

建立和维护公平竞争的市场环境是现代市场经济条件下法治政府的基本职能之一，是在"使市场在资源配置中起决定性作用"的基础上"更好发挥政府作用"的一个重要方面。黄浦区建立了由区市场监管局牵头，会同区发改委、区财政局、区商务委、区金融办等部门组成的黄浦区公平竞争审查联席会议，并下发《关于进一步做好黄浦区公平竞争审查工作和清理现行排除限制竞争政策措施的通知》，对全

区公开的存量政策进行系统性核查。通过公平竞争审查，黄浦区有效规范了区政府及相关部门对市场的干预行为，有利于从源头上打破行政垄断，处理好政府与市场的关系，建设统一开放、竞争有序的市场体系，为打造市场化、法治化、国际化的营商环境提供更有力的制度保障。

### 2. 持续优化外商投资环境

投资环境是企业的"生命之氧"。近年来，黄浦区始终坚持"以市场主体获得感和满意度"为中心，持续深化营商环境改革，努力让全球投资者有更高满意度和更大获得感。2020年，黄浦区发布"促进外资工作20条"。2021年，黄浦区率先发布"外资研发中心政策"，鼓励和支持外资企业将创新要素集聚黄浦，推动研发赋能产业升级。2022年，黄浦区发布了区级贸易总部2.0政策《黄浦区鼓励贸易型总部发展的实施意见》，这是黄浦区继2017年在全市范围内率先出台区级贸易总部政策后的又一次升级。2.0政策改变了原有试点政策单一的入围标准，全面对标市级政策，将贸易型总部分为商贸流通业总部、国际货物贸易总部、航运物流和服务贸易总部、平台交易型总部四类，并根据各类特点设定标准，同时明确对市、区级贸易型总部给予相应（不同力度的）的支持奖励。黄浦区还通过举办外滩金融峰会、重点领域企业沙龙等，不断创设"新场景"，培育"新优势"，向世界生动展现黄浦作为上海核心引领区的永续活力和磅礴气象。黄浦国际化环境更具"吸引力"，产业生态不断优化，"五型经济"特征更加凸显，涉外经济贡献度超过45%，各类总部企业达到210家，其中跨国公司总部达到58家；每万家企业中高新技术企业比例较2018

年提升 1.85 倍，外资在医药、城市更新、新能源等领域的贡献度持续提升。

### 3. 依法有力保护知识产权

良好营商环境的塑造以支撑创业创新、推进产业升级为其目标和宗旨，因此，保护知识产权是营造良好营商环境的必经之路和必要手段。黄浦区高度重视知识产权的保护，出台《黄浦区强化知识产权保护三年行动计划（2020—2022年）》，有效助力上海加快打造国际知识产权保护高地。一是强化高标准知识产权执法，以营商环境评价、进博会知识产权保护等重点工作为抓手，深入开展"蓝天""剑网"等专项整治行动，严厉打击商标侵权、知识产权非法代理等违法行为，推进商标印制、集体商标和证明商标（含地理标志）等行为"双随机、一公开"检查，全力保护知识产权权利人合法权益。破获全市首例"全产业链"侵犯知识产权案件，正善公司互联网商业诋毁案例、老凤祥知识产权维权案例等得到社会广泛关注，产生了良好的知识产权保护示范效应。二是突出高水平知识产权服务。例如，与美团点评集团签署《知识产权保护合作备忘录》，加强入网餐饮服务领域维权保护；为和平饭店、大富贵等"老字号"企业提供商标注册和品牌维权指导，引导企业申请纳入《上海市重点商标保护名录》。有效对接商标品牌指导，推动黄浦区商标受理窗口建设，落实"一站式"精准服务。三是提供高效率纠纷调解。试点推进专利纠纷行政调解，完善知识产权纠纷人民调解工作机制。在科创、文创园区及高端商务楼宇等地设立知识产权纠纷人民调解工作室，聘请具有相关资质的退休法官、专业律师等担任调解员，提供专业咨询服务。将知识产权纠纷人民调解纳入"智慧调解"信息平台，加强纠纷动态管理，进一步提升纠纷调解的便捷性和有效性。

### （二）深入推进依法行政，提供最高效的政务服务

政府依法行政是优化营商环境的重要保障。黄浦区以法治政府建设为抓手，不断优化政务服务流程，积极推动线上和线下集成融合、渠道互补，着力构建标准化、规范化、便利化、普惠化的全方位服务体系，为市场主体提供了高效、便捷、精准的政务服务。

#### 1. 深化法治政府建设

黄浦区始终高度重视法治政府建设，积极开展法治创新实践，在法治建设方面实现了众多"首创""首案""首例"，并成功入选2020年首届全国法治政府建设示范区。一是优化依法治区顶层设计。近年来，黄浦区结合实际情况先后印发了《中共黄浦区委关于深入推进依法治区加快建设法治黄浦的实施意见》《黄浦区依法治区"十三五"专项规划》《黄浦区依法治区"十四五"专项规划》等，明确了法治政府建设目标方向、基本原则、主要任务和保障措施，并在全市首创集行政权力、责任、服务、效能于一体的"四张清单"管理模式。二是坚持项目化任务化高效推进。每年年初制定《黄浦区年度法治政府建设主要任务及职责分工》，从深化政府自身建设、打造最优营商环境、城市法治化管理等方面排定年度重点工作项目，实现目标具体化、任务项目化、项目责任化、责任落地化。三是设立全市首家行政执法检察监督办公室，对涉及重大公共利益、社会高度关注的案件，行政机关负责人的出庭率，以及对检察建议、司法建议的回复率和整

改率达到"三个100%"。四是优化扶持政策,助力困难和中小微企业发展。继2020年在全市率先发布抗疫扶企"黄浦十条",2022年3月29日,黄浦区研究通过《应对新冠肺炎疫情进一步促进服务业困难行业恢复发展若干政策》(黄浦助企纾困"新十条"),从强化对重点行业领域发展支撑、激活市场主体对黄浦营商发展的信心、切实提高企业获得感三个方面为困难行业和中小微企业提供更多政策支持。五是发挥法律顾问把关、参谋和纽带作用,各街道建立法治建设委员会,实现街道法律顾问全覆盖。六是强化法治教育,提升社会法治素养。实施党委(党组)理论学习中心组学习、领导干部旁听庭审、领导干部任前宪法法律知识考试、公务员就职宪法宣誓等制度,提升党员领导干部依法治区的能力水平;开展"浦江法韵公益创意大赛""浦江法治讲坛"、外滩金融法律论坛、录制双语版《上海黄浦特警小哥揭秘回国入境全流程》、青少年"向阳花课堂""拯救斑马线"等活动,增强法治文化和法治教育的感染力和影响力,让遵法学法守法在黄浦蔚然成风。

**2. 深入推进"一网通办",构建以"6+10"为核心的政务服务新模式**

一是打造了全市首个"一网通办"自助服务区,开展"线上线下无差别帮办服务",实现由线下大厅"窗口式""面对面"的办事模式向线上平台"休闲式""不见面"新模式转变。二是设立了网上自助帮办服务区,为中小微企业提供多方位、全程帮办服务,有效减少企业等待时间、避免企业重复排队、提高企业一次提交的成功率。三是设立了开办企业"一窗通"服务专区,实现企业开办事项"一窗受理",营业执照、税控发票、CA 证书、税控设备、公章等同步发放。四是设立了长三角地区政务服务"一网通办"专区,归集"马德里国际商标受理""商标咨询"及海关进出口等业务,辐射长三角地区。五是设立了"专业审批服务区",将本区 291 个行政审批服务事项分为"标准类""专业类",其中 141 项专业类行政审批服务事项纳入新设立的"专业审批服务区",配备首席代表进驻,满足企业专业类、特殊类的服务需求。六是设立了线下"综合咨询帮办服务区",不断缩减企业办事人员滞留大厅的时间,提高服务企业的主动性,提升窗口受办精细化与时效性。七是设立了 10 个综合窗口"单窗通办",对外实施 150 个行政审批服务事项的"无差别受理",让办事对象只进"一扇门"、只跑"一个窗"、办成"多件事"。同时,还增设了"2+2+2"功能性服务窗口,即 2 个"综合发证窗口"、2 个"综合协调服务窗口"、2 个"特需服务"窗口,进一步提升企业办事的体验感、获得感和满意度。截至 2020 年 10 月,黄浦"智能店小二"升级至 4.0 版,近 3 000 个事项可"一机办理"。

**3. 推进流程再造,上线政务服务两棵"生命树"**

在全市率先实现"三证合一"和关联企业"一址多照",积极推进"一业一证"机制,颁出全市首张书店行业综合许可证。在全市率先上线运行涵盖企业和个人全生命周期的政务服务导航"两棵树"。两棵"生命树"以企业和个人全生命发展周期为主线,集中呈现企业和个人在不同阶段需要办理的所有政务服务事项,有效降低了企业群众搜索信息和学习的时间成本。企业全发展周期"生命树"设置了企业开办、纳税缴费、商务贸易、金融信贷、企业变更和企业注销等

12 个主题，涉及税务、工商、科技、金融、商务等多个部门共 127 项政务服务事项。个人全生命周期"生命树"设置了出生、上学、工作、退休、养老等 14 个主题，涉及卫健、公安、教科、人社、民政等多个部门共 211 项政务服务事项。两棵"生命树"的集成事项还在根据企业群众的需求持续动态增加，使企业群众充分感受到以"智能预审、辅助填报、智能审批"为特征的"AI+一网通办"业务流程再造最新成果，为企业群众提供实实在在的便利。

**（三）积极创新监管理念和方式，大力推行包容审慎监管**

包容审慎监管对有效激发市场内生动力和发展活力具有重要意义。黄浦区大力推进创新型监管、服务型监管，以包容审慎监管和刚柔并济执法引导市场主体良性发展，有效激发市场的内生动力和发展活力。

**1. 规范执行轻微违法违规行为免罚清单**

作为行政机关依法拥有的裁量权之一，免罚清单的核心是对行政处罚裁量中"不予处罚情形"的具体化、明确化。2019 年 3 月，上海市出台了全国范围内首份省级跨领域轻微违法行为免罚清单——《市场轻微违法违规经营行为免罚清单》；随后，针对文化市场、生态环境、城市管理等领域分别出台了相关轻微违法违规行为免罚清单。黄浦区根据上海市出台的《关于全面推行轻微违法行为依法不予行政处罚的指导意见》，积极推行"轻微免罚"制度，对城市管理中首次违反、影响轻微并能及时改正的一些违法行为，推行"首违不罚"的容错机制，让人民群众切实感受到执法者的"温情"和执法的

"温度",有力助推法治化营商环境营造。

2. 探索"备案+监管"工作新模式

为了打造规范有序的活力街区,黄浦区探索了"备案+监管"等工作新模式,对新天地内的特色商户开展"外摆位"试点的"备案模式",即由夜间集市的举办者——新天地,在活动举办前向区市场监管局提交备案申请、场地租赁合同、集市经营商户的营业执照、食品经营许可证等商户资质证明以及参展品种说明等相关材料,经市场监管局审批后核发临时性备案证明。同时,进一步强化对夜间集市从事食品经营等临时性商业活动的重点监督检查,对夜间集市经营的食品进行重点抽检,对消费者申诉举报及时进行现场处置,并将"备案+监管"的做法复制到豫园、大同坊、老码头等特色街区以及凯德晶翠、中海广场等新商圈,将快闪店、夜间集市等形式的食品经营一并纳入备案范围,为这些模式的合法存在提供了法律依据,为各种形式的食品经营提供了更大的空间。另外,黄浦还将备案事权下放至市场监管所,方便企业就近办理,极大提高了办理速率。积极探索具有黄浦特色的小餐饮管理机制,先后制定区级标准《小餐饮单位管理规范》《黄浦区小餐饮店标准化管理评估及奖励实施细则》。5年来,共有2 560户小餐饮通过标准化改造评估验收,其中1 479户申请奖励,合计发放奖励1 192.5万元,形成了可复制、可推广的监管服务经验。

3. 积极当好企业依法经营的"守护者"

一是在重点行业和新兴产业集聚的楼宇、园区、律师事务所设立优化营商环境法治保障共同体联系点,搭建市场主体涉法意见建议"直通车"。二是设立沪上首个区级"新冠疫情应对事项受理专窗",

针对疫情期间部分企业履约能力下降、国际贸易纠纷等问题，组织专门力量提供法律咨询援助，帮助企业降低损失、提升产能。整合律师、公证等法律资源，为民营企业、园区企业开展"法治体检"、征信和法律风险评估，提升企业风险抵御能力。三是完善多元化纠纷解决制度。从法律机制的末端保护市场主体的合法权益，以贴心高效的法律服务为企业发展保驾护航，营造和谐稳定的市场环境。2019年11月，黄浦区人民法院、区市场监管局、区消保委联合设立了南京东路巡回审判（调解）工作站，成为全市首个具有巡回审判职能的工作站。该工作站以"三调合一"作为工作机制，整合市场监管部门的行政调解、消保委的行业调解，以及法院的司法调解，实现小额纠纷的一站式解决。对一部分争议较大、无法达成调解、符合法院受理范围的纠纷，先行归纳争议焦点，指导消费者起诉立案，并纳入快速审理通道。豫园市场人民调解委员会将调解工作站扩展到市场和商圈，建立起了"1+2+X"纵横联动的组织架构，创新了有市场特色的工作机制，探索出符合豫园特色的调解方法，取得了"小纠纷不出工作站、大纠纷不出中心、疑难纠纷不出市场"的工作成效。四是强化产权司法保护。近年来，黄浦区法院在审理股权转让纠纷工作中，一方面贯彻依法平等全面保护原则，对各类市场主体切实做到诉讼地位、法律适用、责任承担一律平等，切实依法维护市场交易公平，保障非公经济的健康发展；另一方面，强化对股权转让交易中诚信守约行为的保护，严格制裁违约失信行为，提高违约成本，营造诚实守信的市场氛围。对涉及商业新业态、交易新模式、交易结构创新等新类型案件，加强研究和预判，充分尊重和保护市场主体的意思自治，审慎认定合同无效。同时，上海黄浦法院还积极延伸职能，针对审判实践中发现的部分涉案企业合同履行不规范、公司治理混乱、法律意识淡薄等问题，累计向企业或相关管理单位制发风险防范和工作改进的司法建议书，均得到积极回复和采纳。

### （四）深化信用体系建设，打造信用黄浦

信用是市场经济的基石，也是城市发展的推动力。黄浦区持续夯实信用工作基础，深化推进应用创新，发挥信用提升社会治理能力现代化的积极作用，推动建立以信用为基础的监管新模式，着力构筑"共享、开放、协同、创新"的社会信用体系发展新格局。黄浦信用在服务全区"3+3"重点产业发展、城市数字化转型、城区软实力提升方面发挥积极作用，被国家文化和旅游部确定为14个文化和旅游市场信用经济发展试点城区之一，且是上海唯一入选的城区。

#### 1. 创新信用监管机制

一是积极探索事前证明事项告知承诺闭环管理，归集12个部门、23类涉企事项告知承诺信息。二是积极搭建事中精细精准信用监管创新应用载体。实行区信用子平台与"互联网＋监管"平台联动，支撑区市场监管局、区消防支队、区城管执法局等部门，以信用分级分类为基础，对重点领域开展精准高效"双随机"监管。推进信用监管数字化、智能化转型。区市场依托环境执法正面清单，对守信企业降低检查频次。应用"信用标"，规范工程施工招标管理。推出黄浦智慧中药云，实现中药饮片全程监管。从法院判决、开庭公告、工商变更等22个维度开展企业信用风险扫描预警，2021年推送风险提

示 1 850 次。三是强化事后失信专项治理,优化信用修复服务。在金融、医美、网络安全等领域开展失信专项治理,2021 年对 2 700 余个失信主体开展信用约谈。将失信修复事项纳入政务服务帮办事项,严重失信企业占比较"十三五"末期大幅降低 61.76%。

### 2. 积极拓展"信用+"创新场景应用

一是推出"外滩融易行"信用融资服务。黄浦区基于上海市"信易贷"平台,以上海市公共信用信息服务平台为支撑,推出黄浦区"外滩融易行"中小企业融资综合服务平台(简称"外滩融易行"),整合政府部门、金融机构、信用服务机构等多方优质资源,打造重点看信用、融资低门槛、方便办手续、安全有保障的一站式服务平台,缓解中小微企业和个体经营者等融资主体融资难问题,积极促进中小企业等市场主体健康发展。二是试点推出"信惠楼小二",利用人工智能建模,在全市范围内率先将信用服务嵌入人力资源服务领域,打造楼宇信用评价系统,对 154 个主要商务楼宇进行基于大数据、人工智能算法的智能楼宇信用评价,提升政府职能部门对楼宇企业的高效、精准监管。

### 3. 推进长三角信用区域联动合作

2021 年,黄浦区牵头组建了长三角中心城区高质量发展联盟,在政务服务、市场监管、信用建设等营商环境领域达成九区合作,并推动实现 17 项行政许可事项异地可办。创新推出"信游长三角+"等合作事项,打响"信游长三角+"品牌。该服务以"一网通办"平台为载体,以公共信用信息数据为基础支撑,挖掘信用价值、释放信用红利,为广大守信市民提供多重优质服务,提升守信受益的良好社会公众服务体验度。如黄浦居民可以在手机微信端或"随申办"App 的"信游长三角"小程序上生成个人电子信用凭证，只要信用状况良好并向合作商家出示，就能够享受到一定力度的优惠服务。截至 2021 年底，"信游长三角+"已拓展四个城市（区）合作商 42 家，累计推出门票、住宿、出行、就餐、购物等方面 40 余项守信激励举措。长三角的安徽芜湖、蚌埠、铜陵等城市也正在陆续加入服务中来。

## 三、经验启示

经过多年的创新实践，黄浦的法治名片越擦越亮，国际一流营商环境的软实力日益增强，有力促进了黄浦经济高质量发展。2021 年，黄浦地区生产总值达到 2 902.4 亿元，经济密度达到 141.44 亿元/平方公里，人均 GDP 达到 43.84 万元，保持全国领先。国家级金融要素市场达到 6 家，金融市场交易额约占全市 3/4，金融业增加值约占全市 1/6，集聚持牌金融机构 660 余家，专业服务机构 4 700 余家，商品销售总额超 9 300 亿元，"首店"引进数量位居全市第一，主要有以下几点启示。

### （一）在推进高质量发展上要更加注重法治软实力

法治既是市场经济的内在要求，也是其良性运行的根本保障。法治对经济具有引领、规范和保障作用，是现代市场经济的重要特征，是科学技术等各种因素转化为现实生产力的重要条件。因此，法治也是生产力。黄浦区之所以成为外商投资的热土，金融积聚的宝地，其核心竞争力就在于黄浦领先的一流法治水平。新征程上，我国要构建高水平社会主义市场经济体制，加快构建新发展格局，实现高质量发展，就必须更好发挥法治在保护市场竞争、维护市场秩序、激发市场活力中的重要作用，通过法治更加公平公正地配置市场资源。在推动区域经济社会发展中，必须更加重视法治软实力的建设，以更加有力有效的举措推进法治建设。

**（二）在优化营商环境中要更加注重法治政府建设**

政府职能转变是优化营商环境的推动力，法治政府是国际一流营商环境的首要指标。习近平总书记在中央全面依法治国委员会第二次会议上强调，"法治是最好的营商环境"。黄浦区在打造国际一流营商环境中，牢牢抓住法治政府建设关键，始终以法治思维和法治方式深化"放管服"改革，着力推进政府职能转变，深入推进"一网通办"，全面提升政务服务水平，确保在法治的轨道上优化营商环境。在我国，法治建设和经济社会发展以政府主导推进为基本特征。我国的"强政府"在全面推进法治建设中扮演着关键角色，在经济社会发展中居于举足轻重的地位，是新发展阶段经济社会法治发展目标任务得以实现的主导性因素。因此，要在党的集中统一领导下，全面推进依法行政，加快建设法治政府，深化"放管服"改革，加快政府职能转变，以法治政府建设引领法治化营商环境建设。

**（三）在创新突破中更加注重数字赋能**

以数据为核心生产要素的数字经济正引领时代的变革与进步，是我国实现产业结构转型、助推经济高质量发展的关键动力。数字经济与技术的发展也能助推数字政府建设，成为优化营商环境的重要利器。黄浦区在打造国际一流营商环境的实践中，无论是"AI+一网通办""智能店小二"4.0版，还是基于大数据、人工智能算法的智能楼宇信用评价平台"信惠楼小二"等，这些创新成果无不是数字赋能的重要体现。因此，在优化营商环境建设中，要高度注重数字赋能，创新运用人工智能、大数据等手段，推进政府数字化转型，以数字赋能推动数据共享、业务协同、流程重塑，让"数据多跑路，企业少跑腿"，从而有效解决营商环境中的堵点、痛点、难点问题，进而提升政务服务效率。

（黎明琳）

# 外滩第二立面打造城市更新样本

实施城市更新行动,是适应城市发展新形势、推动城市高质量发展的必然要求,也是解决城市发展中的突出问题和短板,提升人民群众获得感、幸福感、安全感的必要举措。党的二十大报告提出,"坚持人民城市人民建、人民城市为人民,提高城市规划、建设、治理水平,加快转变超大特大城市发展方式,实施城市更新行动,加强城市基础设施建设,打造宜居、韧性、智慧城市"。这是党中央对于进一步提升城市发展质量作出的重大部署。通过城市更新,不断优化城市结构,提升城市品质,转变城市开发建设方式,对于全面提升城市发展质量、满足人民群众日益增长的美好生活需要、促进经济社会持续健康发展,具有重要而深远的意义。

2018年开始的外滩第二立面城市更新是城市有机更新的世界级经典案例。按照"多措并举、整体推进,政府推动、市场运作"的思路,通过整体品质提升和功能强化,使外滩成为上海最具标志性的世界级金融文化中央活动区,成为上海最具世界知名度的城市名片,为提升上海在全球网络中的重要节点功能和国际影响力发挥更大作用。

## 一、背景情况

外滩第二立面涵盖哪些区域,其与第一立面之间有何联系,第二立面更新面临怎样的历史机遇与挑战,这就首先需要深入了解外滩历史文化风貌区的概况。

### (一)外滩历史文化风貌区的重要地位

外滩历史文化风貌区(简称"外滩区域")作为上海唯一的国家级历史文化街区,优秀历史建筑密集,是最具国际知名度和影响力的上海城市地标;人文魅力突出,是海派文化集中展示地;金融基因强大,曾是远东第一的金融街、世界第三的国际金融中心。这里还是上海面向2035远景目标、建设全球城市中央活动区"黄金三角"(外滩、陆家嘴、北外滩)的核心区域,是上海国际金融中心建设"一城一带"(即陆家嘴金融城和外滩金融集聚带)核心承载区,也是上海进一步强化"四大功能"的重要承载区。

外滩区域总面积约78万平方米,涵盖30个历史风貌街坊,有177幢建于1949年前的老大楼(其中:临江建筑,即第一立面36幢;非临江建筑,即第二立面141幢)。20世纪90年代,特别是市委、市政府提出加快建设以"一城一带"为核心的金融集聚区的战略任务以来,在市委、市政府支持下,黄浦区已基本完成外滩第一立面老大楼置换改造(除市总工会大楼、市档案馆、上海海关外),引入中国外汇交易中心、上海清算所、浦发银行总部、友邦保险等优质金融机构,基本恢复临江第一立面老大楼的金融功能。

### (二)外滩第二立面更新的紧迫性

外滩第二立面最初由市、区领导在2018年全国两会期间提出,指外滩沿黄浦江第一立面建筑后排、西至河南中路的非临江建筑群。北至南苏州路,西至河南中路,南至延安东路,东至第一立面,用地面积约51万平方米,共涉及27个街坊,现状建筑面积约154万平方米,涉及居民约5 800证、单位约2 700证。非临江第二立面老大楼,城市更新的任务更加繁重。历史建筑、保护建筑囿于缺乏养护、配套设施不足、违法搭建、破坏立面等困境,尤其是很大部分老建筑因产权复杂导致商居办混杂、内部设施陈旧不堪、消防安全隐患丛生,超过2 000户居民家庭无卫生设施,居住条件亟待改善。

2018年以来,时任上海市委书记李强分别在黄浦区和市发展改革委的相关报告上作出批示,要求"把这些宝贵的老建筑利用好,发挥最大效益""可先成立由市领导牵头的管委会,编制好'一楼一策'的保护利用方案,市区合力推进各项工作"。目前,外滩源一期、盐业银行大楼、大清银行大楼等外滩第二立面老建筑相继完成更新利用,为外滩金融集聚带建设提供了重要支撑。这些具有金融历史底蕴和金融文化氛围的优质载体,吸引了优质的金融机构集聚,进一步提升了外滩的金融承载力。

### (三)外滩第二立面更新面临的挑战

从调查数据来看,第二立面区域以"非居"为主,占建筑总量86%,主要是各级行政机关、企事业单位、商贸公司等,金融企业占比不足20%。从市属国企来看,根据市国资委梳理,市属国企共59

处，建筑面积 30.8 万平方米，占 141 栋老大楼总量 40%，其中：10 处已纳入房屋征收范围；有 17 处独立产证市属国企要求自行持有、提升改造；32 处为多业主混合持有，需要整体纳入城市更新范围。从保护建筑来看，共有 35 处文保单位和 85 处优秀历史建筑，各类风貌保护控制线覆盖整个面积超过 70%。

外滩第二立面城市更新面临很多难点。一是产权归集难。区域范围内物业产权类型复杂，43% 以上的老大楼存在 10 个以上的产权主体。公产、私产、宗教产、军产等混杂，除了个别居住街坊已经纳入成片旧改外，剩余街坊地块目前没有兜底的产权归集政策手段。二是招商利用难。外滩第二立面历史建筑多，保护要求高，建筑活化利用的限制性条件多，建筑空间与高端金融服务企业的实际需求存在一定脱节。因此在招商方面选择面窄，议价能力也并不强。三是经济平衡难。外滩第二立面不仅产权归集成本高，而且由于规划条件限制，几乎没有增量建筑容量，也不适合布置大量商品房，整体上要实现经济自我平衡十分困难。

## 二、主要做法

按照市委、市政府关于全面深化外滩区域城市更新工作的总体要求，根据"延续历史文脉、加快民生改善、提升区域功能"的总体思路，黄浦区聚焦管理体系、推进机制、重点项目、实施时序、配套政策五大关键要素，对外滩区域 177 幢老大楼进行建档立册和区域功能定位研究，在"一楼一档""一楼一策"的基础上，分别确立 177 幢老大楼的保护开发策略，外滩地区"重现风貌、重塑功能"不断取得新进展。根据 2021 年 3 月 16 日市委研究外滩历史文化风貌城市更新专题会议精神，以及市委、市政府关于加快推进外滩第二立面区域更新的有关要求，市住建委（市旧改办）、黄浦区政府和地产集团形成合力，扎实推进。

### （一）构建分工明确的管理体系

外滩城市更新过程中牵涉的行政审批多，不少项目必须突破现有规范，并且牵涉各方的利益调整，需要较高能级的统筹协调。市城市更新和旧区改造工作领导小组下设外滩历史文化风貌区城市更新推进办公室（简称"外滩更新办"），负责贯彻落实市委、市政府各项工作要求，统筹外滩区域城市更新建设发展工作。

外滩更新办作为外滩区域城市更新最高协调和决策机构，统筹推进外滩区域老建筑保护利用、城区建设发展、城区功能塑造、文化保护与传承各项工作。由分管副市长直接领导，分管副秘书长兼任主任，黄浦区区长兼任常务副主任，相关部门明确专门部门和专人联系对接，此项工作已基本落实。外滩更新办负责区域重大事项的决策和协调，针对重大敏感性问题开展讨论，形成纪要报送市主要决策机构决定并协调落实。黄浦区也已组建外滩第二立面城市更新推进工作专班，作为区级的主要协调机构负责具体的工作推进和落实。

### （二）开展深入细致的前期研究

一是规划研究方面。在区域层面和项目层面同步开展功能策划、城市设计、专项研究、标准创新、风貌保护等工作,形成了阶段性成果。同步推进外滩区域城市更新业态导则编制,逐步健全正向业态引导清单和负面业态管理清单。二是政策研究方面。紧紧围绕城市更新条例,进行实证案例研究,对工作推进机制、产权归集方式、技术规范标准、平衡机制及支持政策等开展深入研究,目前已形成课题成果。同步编制外滩第二立面区域更新方案,就外滩第二立面城市更新目标、组织架构、推进机制、实施计划、资金平衡、政策支持等方面深入研究,形成了区域更新方案初稿。

### (三)形成完善可行的推进机制

#### 1. 信息统计全面准确

为了更好地推进外滩区域的更新工作,开展全面摸底。领导工作小组牵头协调区城建、经济、属地部门,对接12个相关单位,对外滩区域范围内建筑、人口、经济数据等信息进行排摸与采集;对外滩区域内30个街坊、177幢老大楼的房屋情况、产权性质、使用现状、功能定位等基础信息进行全面梳理,并不断完善工作机制。

在"一楼一档"的基础上,按街坊编制清册,同步建设区域信息系统,涵盖建筑历史、产证面积、产权户籍、使用现状、功能业态等维度数据,综合运用3D建模、航拍等技术,叠加历史、现状和发展规划等图层,实时反映项目更新进度,基本完成外滩第二立面区域的可视化信息系统建设。

#### 2. 项目实施落细落实

一是加强部门协同,定期召开工作例会,对市区相关部门关于城市更新工作的要求、具体项目的进度情况、需支持协调的事项及时讨论研究。二是加强地区巡查。对外滩区域内楼宇情况加强日常巡查，定期踏勘，掌握区域楼宇动态。三是加强项目跟进。专班融入项目组中，一线参与征收工作。与事务所、单位征收部、基地管理部门、居委建立点对点对接机制，及时了解项目中居民、单位的签约搬迁情况以及推进过程中的难点。

### （四）实行"一楼一策"的更新措施

对于区域内由各市属机构、企业集团持有的单体建筑，按照外滩区域整体规划设计及功能定位，和市国资委加强对接，合力推动外滩第二立面59处市属国企产权物业更新，加快项目层面规划落地，形成了"一地一档、一楼一表"。在进一步完善外滩第二立面区域整体规划的基础上，结合报市政府三个三年行动计划中第一个三年行动计划（2021—2023年）的重点项目，通过大力推进"三个一批"取得实效。59处市属国企产权物业已明确按三类路径处置：一是在成片旧改征收范围内的物业（13处），市属国企配合黄浦区做好征收工作；二是独栋产权楼宇（16处），由企业自主实施外立面更新和业态提升；三是产权复杂的大楼物业（30处），由各集团配合黄浦区提升外立面和业态。

#### 1. 旧改推进一批

外滩源二期项目基本收尾，170、190街坊征收推进。一是重点启动慈安里项目。慈安里位于南京东路东拓江西中路到四川中路段，是无产权登记的公房，在更新过程中，修旧如旧，恢复历史建筑原貌。去除底层已清退商业，原有业态将全部焕新，实现居住功能到商务功能的转换，为街区注入新活力。二是190街坊引入优质载体。外滩投资集团与光明置地按50%、50%股权比例组建的合资公司，有效衔接外滩院子等市场主体自发改造高端项目，对区域内的9幢老建筑进行改造。沿街底层商铺统一规划、统一招商，上层商务空间以总部办公为主，全面改造提升，并在历史保护价值极高的培高大楼研究设立金融企业家俱乐部。

### 2. 更新改造一批

高质量完成179、160街坊等保护利用工作，做好统筹协调和业态指引，推动企业自主更新改造和业态升级。一是保护老市府大楼历史风貌。老市府大楼建于1914年，是上海历史发展的重要见证，上海第一面五星红旗在这里升起。对其采取外墙修缮、内部换胆的方式，并通过难度较高的平移技术保证了历史建筑的完好无损，从而使这一历史保留建筑以新的面貌完整呈现。改造后将其定位为高端现代服务业经典历史街区，以商务办公、文化展览和商业配套为主要功能。二是外滩·中央项目分期开发。外滩中央广场由中央大楼、美伦大楼、新康大楼和华侨大楼4幢历史保护建筑构成，按照"一次规划、分期实施"的开发原则，通过股权收购方式，分两期对其进行开发，对四幢建筑进行保护性修缮，既保留了建筑原有的新古典主义风格，又实现了历史建筑与现代商业有机融合，将其改造成"商旅文生活秀"的体验综合体。

### 3. 研究储备一批

与市国资委加强对接，合力推动外滩第二立面区域59处市属国企产权物业更新。一是老自然博物馆和延河大楼整体优化。提升楼宇功能，增加绿地面积，力求打造成集金融、文化、科创功能于一体的城市更新示范项目。二是国际医疗中心项目提升服务能级。项目位于187街坊黄浦区中心医院原址，按照"引入国际知名医疗机构、合作经营国际医疗机构，打造外滩金融集聚带重要配套设施"的要求，采用"资产收购＋控股合作"模式，外滩投资集团与览海医疗产业投资股份有限公司、美国休斯敦卫理公会医院签订相关合作协议，共同打造具备国际一流水准的览海外滩国际医院。

### （五）完善多方参与的合作模式

参照"市区联手、政企合作"的模式，上海地产集团下属市更新公司与黄浦区属外滩投资集团按照60%∶40%的股权比例出资，注册资本金50亿元，于2022年8月正式成立了上海外滩城市更新投资发展有限公司（简称"外滩更新公司"），作为外滩第二立面区域运作平台和实施主体。负责区域范围内成片地块的一二级土地开发联动、规划研究、开发建设和招商引资等具体工作。平台公司可依据实际需要成立项目公司，负责各具体项目实施。实现在外滩统一品牌引领下，区域项目运营收益、专项扶持、社会融资等各项资金和建设发展的统一运作。

## 三、经验启示

外滩区域城市更新是市委、市政府站在战略高度做出的重要决策,对于上海建设国际金融中心,打造全球经典海派客厅,具有重要意义。加强外滩地区老建筑保护开发利用,是外滩金融集聚带拓展空间载体、丰富功能内涵、提升服务能级的重要抓手。确保更新工作的战略性、区域性、系统性,具有促进社会、经济、文化、环境发展的公共利益最大化属性。

### (一)明确主体责任是实施城市更新的重要前提

城市更新,不仅在于物理空间的整治、美化和提升,还关系着经济、社会、文化、环境的全面发展。在城市更新中,要正确理顺各主体之间的关系。特别是外滩第二立面城市更新这样的大项目,涉及的主体较多,必须明确各类主体的分工,密切配合,才能推动更新工作顺利开展。在本案例中,通过市区联手、政企合作,搭建起行政协调机构、统筹主体、实施主体、市场主体共同参与的多层级、多维度主体组织架构。

#### 1. 行政协调机构总揽全局

外滩更新办的成员单位包括市级相关职能部门、黄浦区政府。市外滩更新办、区工作专班的性质是市、区两级行政协调机构,牵头外滩第二立面区域顶层设计、体制机制完善、重点困难瓶颈突破、政策标准研究和制定、发展规划和功能定位研究,土地收储、文物保护、项目建设、区域运营发展、公共环境维护、品牌宣传等各项工作。

#### 2. 统筹主体发挥重要职能

依据《上海市城市更新条例》,"属于历史风貌保护、产业园区转型升级、市政基础设施整体提升等情形的,市、区人民政府也可以指定更新统筹主体"。外滩第二立面区域功能提升与风貌保护要求高，统筹主体必须兼顾政府监管与市场营利，同时发挥两种不同性质的职能。上海市城市更新中心与黄浦区城市更新中心与市政府、黄浦区政府分别签署"统筹更新协议"，接受市、区两级政府的授权与赋能，承担本区域更新的统筹义务。

### 3. 实施主体抓好项目落实

由统筹主体委任相关平台公司作为实施主体，负责具体项目的资金筹措、实施方案编制、产权归集补偿、土地出让受让、建筑修缮保护、地块开发建设、产业招商运行等。立足《上海市城市更新条例》，在市区两级进一步整合资源，为该区域量身定制形成产权归集、规划推进、土地供应、建设实施、招商运营、资金平衡等系统性的更新政策支持，实施主体可享受特殊政策支持。

### 4. 市场主体积极参与更新

市场主体是指参与外滩第二立面具体地块更新项目策划筹备、开发建设和运行的企业或非企业法人，包括具备自主更新能力与意愿的原权利人、外部标杆市场企业、金融机构等，可以在统筹主体的指导下，与实施主体开展各种形式合作，参与更新项目的开发建设、运营管理等。

## （二）做足前期准备是推进城市更新的必要基础

### 1. 积极开展前期规划设计研究

城市更新的前期研究非常关键。外滩第二立面更新案例中，前期对历史建筑甄别、风貌评估、城市设计方案研究，并征询专家和市、区规划主管部门意见，根据研究成果不断完善更新方案，结合招商引资工作进一步开展规划实施方案编制，同步推进控规调整工作。例如：在旧房改造方面，通过前期充分研究和实地考证，明确可以"动"的程度。加快确定保留保护建筑修缮、改造的具体标准和要求，为更新方案的制定提供明确的指引和底线。

### 2. 前置开展招商运营项目对接

城市更新要广泛听取市场意见。在外滩第二立面更新中，针对每一个具体的项目，分别召开市场推介会，邀请数十家市场企业参加。建立招商意向客户资源清单，实施点对点洽谈。其中包括接触部分标杆性市场企业，由于历史保护要求高、成本高、周期长等原因，大部分市场企业参与项目规划实施方案编制和后续合作开发的意愿较低，但是经过不懈努力，总能找到合适的运营企业。

### 3. 高度重视信息管理系统建设

信息技术的充分运用可以方便相关资料的整理。在外滩第二立面更新过程中，通过"一街坊一档""一楼宇一表"基础信息调查，完成27个街坊信息调查；同步基本完成外滩第二立面信息系统建设，从区域、街坊、建筑三个维度，涵盖历史建筑、产权户籍、使用现状、功能业态等数据，实时反映项目更新进度，满足流程管控、招商推介等功能。

## （三）提升区域功能是落实城市更新的着力点

坚持传承历史文脉与遵循城市发展规律并重，充分继承和延续金融功能，凸显金融、商业、文旅功能的融合，努力打造世界级的金融和商务中心、高品质的公共活动中心、国际活动的集聚中心,具体功能定位体现在如下三个方面。

一是世界级的金融和商务活动中心。打造全球资产管理中心、资本运作中心、金融专业服务中心,以及金融科技发展高地、金融综合生态高地、人民币资产定价与支付清算高地的"三中心、三高地",为上海提升国际大都市要素枢纽和商务服务功能提供战略空间。

二是国际化的公共活动中心。进一步开放老大楼底层空间,打造集商务休闲、旅游休憩、娱乐观光、购物社交、观演观展等功能于一体的多元活动中心、国际文化交流中心、文化融合产业高地、多样化体育活动中心,充分传承历史文脉,拓宽保护建筑利用思路,建设标志性的公共文化设施,打响万国建筑博览、文化融合荟萃品牌,形成文化设施集成优势。

三是国际活动的集聚中心。积极集聚国际性组织、国际会议活动等,打造更多展示上海和国家发展风貌、促进国际交流的载体。积极集聚国际会议、政府间论坛、国际性组织和机构、国家级的历史文化展览、文艺展演、艺术品巡展等,使我国在更多细分领域主动参与国际合作、开展主场外交,成为彰显城市魅力、展示中国风范的重要平台。

**(四)延续历史文脉是留住城市"根""魂"的价值体现**

2022年黄浦区委书记杲云在外滩区域调研时提出以敬畏之心保护好城市文脉。推进旧改过程中,黄浦区格外关注对历史风貌和历史建筑的保护,力求在改善居民生活的同时留住城市的乡愁和文脉。外滩区域城市更新工作坚持传承历史文脉与遵循城市发展规律并重，进一步推动旧区改造与历史风貌保护的结合，充分继承和延续外滩金融的历史功能定位，凸显金融、商业、文旅三条主线的融合发展。

外滩第二立面更新有序开展单体建筑的更新改造。对于区域内由各市属机构、企业集团持有的单体建筑，按照外滩区域整体规划设计及功能定位，有序推进惠罗商厦（178街坊）、三井洋行（183街坊）、老自然博物馆和延河大楼（189街坊）等一批老大楼的更新改造和功能提升。在全面做好建筑甄别、土地权属、基础设施等多方面梳理的基础上，重点聚焦形态、功能、配套等关键要素，准确把握保留保护与新建建筑之间的有机关系，对道路、边界和建筑等保护要素提出分类管控要求，合理布局新建建筑，做到历史风貌保护与开发建设的有机统一。

**（五）加快民生改善是城市更新的首要目标**

随着生活水平的不断提升，人民群众对提升居住品质提出了更高、更多元化的需求。黄浦区作为上海市中心城区，老旧小区中的居住密度往往非常高，群众的居住空间较小，且很难通过现有的改造方式明显降低人口居住密度，提升人均使用空间。杲云指出，要统筹好优秀历史建筑的风貌保护以及改善人民群众的生活居住。在城市更新过程中，要始终重视民生，以城市更新促民生改善。将城市更新工作与"10分钟生活圈"建设等联系起来，通过城市更新，更好地满足居民和游客的交通、居住、饮食、购物、医疗、教育等切实需求。

根据外滩区域产权多元、房屋类型交错的实际情况，形成以"三个三年"为周期的行动计划，加快推动成片地块的开发建设。一是对纳入成片征收地块涉及老大楼32幢，将在第一个三年中完成；二是产权独立或基本独立的，涉及老大楼48幢，推动大楼主体进行自主提升改造；三是产权较为复杂的老大楼52幢，通过产权或使用权归集、合作开发等模式进行更新。结合成片二级旧里改造、城市更新等多种途径，统筹做好整街坊的建设、开发。

围绕本市"到2035年，基本建成卓越的全球城市，令人向往的创新之城、人文之城、生态之城，具有世界影响力的社会主义现代化国际大都市"的总体目标，结合外滩区域的实际情况，制定了近、中、远三个阶段的总体开发时序，分别通过近期（2021—2025年）、中期（2026—2030年）、远期（2030—2035年）三个五年规划，到2035年全面完成外滩区域的更新改造工作。

总之，外滩作为最能代表上海城市形象、历史风貌最集中、中外文化最融合、窗口展示度最强的区域，其城市建设和功能塑造一直坚持最高质量和水平、最具有国际影响力和辐射力。"十四五"期间将外滩区域打造成为21世纪上海具有标志性的世界级金融文化中央活动区（CAZ）、国际化的公共活动中心、国际活动的集聚中心。要将中国式现代化作为贯穿外滩第二立面城市更新工作全过程的主线，践行人民城市重要理念，全面完成外滩第二立面区域城市更新总体方案，以实现区域"功能重塑、风貌重现"，使外滩区域发生精彩蝶变。

（曹 晶）

# 践行人民城市理念
# 推进党建引领旧改全周期管理

旧区改造事关城区发展和民生改善，是践行"人民城市人民建，人民城市为人民"理念的重要举措，是积极回应群众期盼、创造高品质生活的重要途径。上海市黄浦区积极践行"人民城市"理念，勇挑最重的担子，敢啃最硬的骨头，探索党建引领旧改工作的新模式，以党的建设引领、贯穿和保障旧改工作，推动旧改全周期高质量开展，有效实现资源整合、力量聚合，在推动新时代旧区改造"提质加速"上走出了一条新路，体现了人民城市温度。

## 一、背景情况

2019年11月，习近平总书记到上海考察时指出："城市是人民的城市，人民城市为人民。无论是城市规划还是城市建设，无论是新城区建设还是老城区改造，都要坚持以人民为中心，聚焦人民群众的需求，合理安排生产、生活、生态空间，走内涵式、集约型、绿色化的高质量发展路子，努力创造宜业、宜居、宜乐、宜游的良好环境，让人民有更多获得感，为人民创造更加幸福的美好生活……要抓住人民最关心最直接最现实的利益问题，扭住突出民生难题，一件事情接着一件事情办，一年接着一年干，争取早见成效，让人民群众有更多获得感、幸福感、安全感。"① 习近平总书记关于人民城市建设的重要论述为推动旧区改造工作指明了前进方向、提供了根本遵循，深入践行"人民城市"重要理念，矢志打赢新时代旧区改造攻坚战，归根结底是要让人民生活更有品质、更有尊严、更加幸福。

黄浦区是上海中心城区核心区，以上海的母亲河——黄浦江命名，区域面积20.52平方公里，其中陆域面积18.71平方公里，区域常住人口66.2万。全区下辖10个街道，170个居委会。黄浦区是中国共产党的诞生地、海派文化的发源地所在区、民族工业的发祥地，承载了上海700余年的建城史和170余年的开埠史，见证了上海国际大都市的发展变化。作为"上海的心脏、窗口和名片"，"二元结构"矛盾是黄浦发展面临的最突出短板和瓶颈，一面是鳞次栉比的高楼大厦，另一面是逼仄狭促的大量老旧住房。早在2007年6月，时任市委书记习近平到黄浦区调研时就指出，"旧区改造一定要坚持推进，不能让老百姓再在这么破旧的房子里生活下去了"。

近年来，黄浦区大力推进旧区改造，城区面貌得到较大改善，一大批居民群众的生活条件和居住质量得到显著提高。黄浦区作为上海二级旧里房屋最密集、旧区改造任务最繁重的中心城区之一，主要呈现旧改总量"高"、风貌保护要求"高"、居住密度"高"、居民生

---

① 《习近平在上海考察时强调 深入学习贯彻党的十九届四中全会精神 提高社会主义现代化国际大都市治理能力和水平》，http://www.xinhuanet.com/politics/leaders/2019-11/031c_1125187413.htm。

活品质"低"、公共设施水平"低"——"三高两低"的特点，群众改善居住条件和生活环境的愿望十分迫切。一是旧改总量"高"。到2017年底，全区范围内各类旧式里弄房屋220万平方米，二级以下旧里房屋92万平方米，涉及无卫生设施家庭总量近7.2万户，主要分布在豫园地区、董家渡地区、建国东路地区、环人民路中华路地区及北京东路地区等五大区域中。这些区域当中，既有密度极高的余留毛地，又有部分实施的停滞基地，还有大量受保留保护要求限制的未开发土地。旧区改造的任务异常艰巨。二是风貌保护要求"高"。"一个城市没有个性，就没有灵魂。中国的城市建设日新月异，但一定要保持、延续自己的历史文脉。"[1]黄浦保留保护资源十分丰富，涉及外滩、人民广场、老城厢、衡复四处历史文化风貌区共161个街坊，占地面积约5.81平方公里；风貌保护扩大街坊84个，占地面积约1.8平方公里，全区历史风貌保护街坊总占地面积超过陆域面积的41%；拥有风貌保护道路37条，风貌保护街巷36条，优秀历史建筑289处，全国级文物保护单位6处31个点，市级文物保护单位57处，区级文物保护单位27处，文物保护点450处。留住历史文脉，留存城市记忆的任务十分繁重。三是居住密度"高"。里弄房屋不同于合院建筑，不仅在面上分布密度大，并且在2—3层的垂直空间上也在分割使用，造成实际居住密度过高。经统计，黄浦以成片二级旧里为主的老旧区域，平均每万平方米土地居住密度达400—600户。以最

---

[1] 解放日报、文汇报、新民晚报联合报道组：《"开明睿智才能进一步海纳百川"——"习近平在上海"系列报道之二》，https://news.12371.cn/2017/09/27/ARTI1506470832137411.shtml。

为典型的老城厢为例，老旧住房区域人口密度高达每平方公里 10 万人，是黄浦区平均人口密度 3 倍多，其中，豫园、城隍庙等地 1.2 平方公里土地上集中居住了 20 万常住人口。四是居民生活品质"低"。黄浦区域范围内二级旧里房屋户均使用面积仅为 16.23 平方米，厨卫等基础设施严重不足，"睡觉靠拉帘、回家要爬梯、生活拎马桶"等现象十分突出；同时，这些旧式房屋耐火等级低，易着火且"火烧连营"；消防分隔不到位，防火间距不足，消防设施匮乏，生命通道缺少，无论是消防还是救护救援难度大。五是公共设施水平"低"。以老城厢为例，人均公共活动面积仅为 0.5 平方米，远远低于黄浦区人均约 4 平方米的水平，内部广场规模小，人流密集，公共服务和基础教育设施等用地面积严重缺乏，菜场、幼儿园、养老机构等服务半径无法满足使用需求，公共设施用地面积需求总体差额在 69% 左右，亟须通过旧区改造途径加以改善提升。

## 二、主要做法

利民之事，丝发必兴。黄浦区深入学习贯彻习近平总书记考察上海重要讲话精神，筑牢"旧改为民、旧改靠民"思想基础，切实回应人民群众对改善居住环境的呼声，研究制定《关于践行"人民至上"理念，强化党建引领旧区改造全周期的实施意见》，着力推进城市基层党建全区域统筹、多方面联动、各领域融合新格局，强化多元参与，发挥专业优势，形成强大攻坚合力，不断促进旧改工作全面提速，为持续改善群众生活、加速提升城区能级和竞争力提供坚强组织保证，努力推动人民城市美好愿景变为现实。

### （一）做强组织体系，形成推进旧改的最强内动力

人民对美好生活的需要日益增长，迫切要求充分发挥党的组织优势。黄浦区把党建工作融入旧改工作，把党的工作做到旧改工作各环节、做到人民群众心坎上，有力助推了旧改跑出加速度。

#### 1. 区层面成立党建引领旧区改造联席会议

黄浦首次在区级层面成立了黄浦区党建引领旧区改造联席会议，由区委组织部部长和分管副区长担任双召集人，成员包括区相关职能部门和各街道主要领导，以及相关市（区）属国有企业负责人。主要职责是讨论确定党建引领旧改工作的目标任务、工作计划和重大事项，发挥共商平台作用，协调推进项目落实，推动重点难点问题解决。联席会议下设政策咨询小组、矛盾调解小组、问题解决小组等6个专项小组，各专项小组按照分类整合、专业运作、灵活机动的组织活动方式，快速破解过程中的热点、难点问题，形成各部门通力协作的局面。旧改项目推进过程中遇到基层无法解决的难题，则借助党建联席会议，充分发挥街道社区、职能部门和区域单位党组织的政治和组织优势，汇聚各方力量和资源，群策群力共破难题。

#### 2. 在涉及旧改项目的街道成立临时党委

党委书记由街道党工委书记担任，副书记一般由旧改征收项目部、征收事务所或建设单位、施工单位的党员负责人担任。主要职责是对街道的旧改项目进行统筹协调，落实全周期属地责任，精准排摸情况，协调整合各方资源力量，制定有针对性的工作方案，推动矛盾

问题解决和遗留问题化解，确保项目顺利实施。

### 3. 在旧改项目建立临时党支部

临时支部书记一般由居民区党组织书记或征收事务所党员项目负责人担任，主要职责是发挥基层党组织的战斗堡垒作用，协调各参与单位组织开展项目推进过程中的各项党内日常活动，配合上级党组织完成相关工作，落实好党员政治学习、教育、管理、监督等工作。

### 4. 在旧改网格组建临时党小组

将旧改地块划分为若干网格，将党小组建在网格上，将党员下沉到网格内。主要职责是调动居民群众参与旧改的积极性，传达和通报上级指示精神，宣传解答政策、方案和有关法律法规，收集汇总上报需要上级协调解决的各类问题，反映社情民意，妥善处理矛盾诉求和突发状况。

"区党建引领旧区改造联席会议"+"街道临时党委—项目临时党支部—网格临时党小组"组织构架以党建引领为核心，做到上下联动、功能互补、协同推进，让资源在一线集结、工作在一线推进、问题在一线发现、干部到一线下沉的组织架构，充分发挥党的组织体系优势，坚持旧改工作推进到哪里，党组织就建在哪里，党建工作就开展到哪里，切实发挥基层党建对旧改工作的引领、支撑和推动作用。如福建南路某处征收房屋内"一本三户"，其中一户10年前曾被强迁，致使他对征收全程抵触，并提出要本区就近安置，同时解决10年前的强迁旧事。面对如此难题，多次召开党建联席会议，研究解决策略；政策咨询解决小组从其子入手，通过他说服其父亲；居民问题解决小组联合相关部门，为居民搭建解决问题的平台，有效促进强迁矛盾化解；区建管委、区房管局等部门多次约谈，打开居民心结，最终顺利搬迁。

**（二）做实党建联建，凝聚旧区改造最广合作力**

旧改之难，难在困难群体多、家庭矛盾多、租赁纠纷多、需求诉求多，需要党建引领在错综复杂的利益网中穿针引线，合力打通旧改工作中的卡点、堵点。黄浦区坚持"以联促融"，注重"以联促聚"，突出"以联促进"，围绕旧改顺利推进的共同目标，以党组织的联建共建，带动资源的统筹整合、工作的协同联动。

**1. 市区联动**

黄浦区注重依托市委组织部搭建起的党建引领旧改工作议事协调平台，协调国资、金融等市属大口党委和集团、供销合作总社等加快推动相关企业单位签约搬迁。比如，城投集团下属黄浦供水管理所位于新昌路1号地块，被列入旧改征收范围，该所承担着增压泵站、供水服务和应急保障三项功能，供水覆盖黄浦区、静安区、普陀区的17个街道、279个居委、1 393个物业小区，150多万人口，每年累计执行维修养护任务近10万件。一边是覆盖150多万人的供水保障不能断，另一边是关乎城市品质提升的旧改征收不能停。都是民生工程，如何取舍？在市旧改办、市国资委牵头下，市规划资源局、城投集团、建工集团和黄浦区旧改办等齐聚市属国企旧改征收签约协商平台，把情况讲明、把问题摊开、把困难说透，经过反复协商，对新昌路1号地块和相毗邻的7号地块实施联动开发，明确保留1号地块部分功能并适度打开开发空间，确保供水、征收"两不误"。再如，在市国资委党委支持下，黄浦区委、区政府牵头召开市属国企收尾工作专题会议，上海电气、百联集团、光明食品集团等当场明确表示搬迁一家销号一家。在市金融工作党委推动下，4证工行网点一天内全部完成搬迁。市经信工作党委牵头协调3证烟草公司网点搬迁。中国邮政集团、上海供销合作总社分别协调完成2证房屋搬迁。

### 2. 部门联动

黄浦区注重推动建设单位、施工单位与相关部门（单位）、街道、居委会等多层面沟通协作，形成"计划联商、策划共议，党员联管、团队共荣，平安联创、和谐共建，民生联动、惠民共帮"的机制。设立施工单位志愿者服务队、临时党支部社区服务队等，由居民区党组织汇总旧改项目周边社区居民需求，引导施工单位利用技术、设备和专业人才等优势帮助解决实际问题，积极构建和谐的企地关系。在项目开工建设前，主动走进社区、走进群众，进行民主协商，提前告知施工队伍进场、基坑开挖、土方外运、重大设备运行等关键节点情况，提升项目的公开度和透明度。开展建设项目"居民开放日"活动，邀请党员居民代表担任工地义务监督员，争取社区居民的理解支持，积极沟通解决扬尘、噪声、振动等环境影响问题，推进项目现场标准化施工和文明施工。

### 3. 政社联动

旧区改造不是一项孤立的任务，关系到风貌保护、产业转型、生态环境、城市安全、社会稳定乃至城市文明等各方面，黄浦区注重通过高效整合、充分聚合社会各类优势资源，制定务实管用的政策措施组合，推动旧改问题解决。比如，积极运用律师行业党建工作成效，探索建立跨级别、跨地区、跨体制党建联动新机制，推动律师全覆盖、全过程、全方位参与旧改，发挥专业优势，为旧区改造提供更加精准的法律服务。

### （三）做好民生保障，夯实旧区改造最固支撑力

旧改为民、旧改惠民。旧改征收是为了让居民早日享有更高品质的生活，不能因为旧改让群众生活质量下降。黄浦区在全面把握、正确理解旧区改造过程中诉求和矛盾的基础上，提前做好需求分析研判，统筹区域各类民生保障资源，做实旧区改造底部支撑，更好满足人民对美好生活向往。

#### 1. 精准对接居民需求

在实际征收过程中，居民有时会反映很多与旧改政策不相关却关于民生保障的个体诉求，而这往往成为旧改征收工作的突破口。黄浦区深化"一网通办"政务服务，打好旧改政策与民生保障的组合拳，对合理的个性诉求，在守住旧区改造政策底线、不突破标准的前提下，采取"一户一策"的方式，及时有效予以解决。针对特殊困难群体希望留在中心城区、享受就餐就医等生活便利的迫切愿望，代为寻找房源信息，提供给老人、大病患者选择；针对不少居民提出的搬迁后创业或者就业等共性问题，黄浦区人力资源社会保障局专门出台《助力旧区改造倾力做好安置对象就业创业服务的操作口径》，加强培训、推荐岗位，受到居民好评。例如，豫园街道每个涉及旧改的居民区党总支都有一本了然于心的"民情记录册"，特别是针对社区特殊群体，通过全面排查摸底，形成了包括困难低保、残疾、重大病、人

户分离、两劳释放等 17 种特殊情况在内的基础材料。又如，南京东路街道本着"把旧里群众当亲人"要求，及时、全面、准确掌握群众基础信息，对旧改征收地块中低保、残疾、重大病、先进劳模、高龄老人等重点保护对象提供特殊关心关照，共向 3 446 名对象发放补贴金约 1.03 亿元。

2. **筑牢生命安全防线**

新冠疫情发生后，涉及旧区改造中的二级及以下旧里普遍存在进出人员杂、弄堂四通八达、基础设施薄弱等问题，疫情防控难度很大。黄浦区坚持全面宣传"不留白"、硬核管理"全覆盖"、为民服务"不停步"，以温情服务筑牢安全防线。在抗疫战中，黄浦区面对人口密度全市第一、存量二级以下旧里全市第一、老龄化程度极高等挑战，在市委的坚强领导下，始终把老旧小区作为疫情防控的重中之重，全力开展清零攻坚。各级党组织和广大党员始终秉持"坚持就是胜利"的必胜信念，面对极限挑战，付出极大努力，取得极其不易的成效，把疫情影响期变成旧改窗口期，推动抗疫和旧改两手抓、两不误、两促进。广大党员将宝兴"十法"化作解决前提的百计千方，在全力守护群众生命健康，做好暖心服务的同时，通过蜗居旧里吃尽疫情苦头的事实，因势利导，让更多居民从"要我改"变"我要改"，从"慢点搬"变"早点搬"。例如，抗疫大战大考中一度成为"暴风眼"的梦花街，也是旧改主战场。广大党员干部在全力守护群众生命健康的同时，充分运用一线工作法、危中寻机法，做深做细居民工作，把疫情影响期变成旧改窗口期。蓬莱路地块在疫情过后，迅速启动二轮征询，首日就有 4 460 户居民完成签约，签约率高达 96.68%。

### (四)做优开拓创新,激发旧区改造最大突破力

针对旧区改造中出现的一系列难点、堵点问题,黄浦区勇于解放思想、打破常规,创新工作思路和办法,坚持多策并举,完善资源整合型党建工作模式机制,以改革创新精神破解旧区改造难题,走出一条民生改善、风貌保护、功能开发等多要素有机结合的旧改新路。

#### 1. 理念创新

黄浦区严格落实"留改拆并举,以保留保护为主"的旧区改造理念,一方面,坚持通过旧改改善老百姓居住条件,解决群众急难愁盼问题;另一方面,坚持通过最严格的保护,守护历史底蕴、传承城市文脉。按照"一个平方米不能少"的要求加强保护工作,围绕城市形态、历史风貌、功能定位等,加快推进老城厢等片区的设计研究,全面梳理研究老城厢及周边区域的关系,推进重要节点功能定位、基本形态、公共空间及配套服务等多方面研究,为后续开发建设提供有力支撑。近年来,黄浦区通过拆落地重建、抽点拔户、里弄房屋综合改造、城市微更新和房屋综合修缮等多种方式,先后实施了聚奎新村、复兴东路404弄、火腿弄、8号街坊(承兴里)等一批"留改"试点项目,因地制宜尽可能改善群众居住条件。例如,位于黄河路281弄的8号街坊(承兴里),属于上海市历史风貌保护街坊,其内有多幢建于20世纪20—30年代的砖木与混合结构的新旧里弄式石库门建筑。小区整体肌理完整有序,但房屋因年代久远、使用过度,已呈破败状,绝大多数居民还在使用手拎马桶以及合用厨房,生活品质差。黄浦区首次尝试"抽户改造"新探索,即部分居民以解除租赁关系的方式搬离原址,为留下来的居民释放改造空间。原来使用手拎马桶以

及合用厨房的不成套住房，每家每户增加了 3.5 平方米的独用厨卫空间。这种既"留房"也"留人"的实践探索，充分体现了改善民生、回应期盼的责任担当和城市更新、活化利用的历史负责。

2. 模式创新

黄浦区积极与市主管部门沟通，加强与市地产集团等市属国有企业合作，探索"政企合作、市区联手、以区为主"旧改模式，落实主体责任，用足用好各类政府性资金和缩短项目投入资金的回笼周期、提高资金使用效率等多策并举破解瓶颈，推动实现"综合平衡、动态平衡、长期平衡"。乔家路地块是黄浦区采取"政企合作、市区联手、以区为主"旧改新模式的第一个地块，地块共有居民权证数超 5 800 证，前期总投入预计将达到 360 亿—380 亿元，地块居民户数多，资金投入大，风貌保护要求高，黄浦区和上海地产集团合作推动旧改计划，采用市场机制，从多渠道融资进行旧改，兼顾社会效益和经济效益，控制收储成本，为老城厢乔家路地区旧改的顺利推进起到了至关重要的作用。首轮、二轮征询签约仅用了 5 个月，近 4 000 户居民的东块就顺利征收，创造了乔家路旧改新速度。

3. 机制创新

为破解旧改中容积率难题，黄浦区在市委领导的关心和支持下，通过推动容积率跨区转移，完善协调机制，针对容积率转移、建筑使用功能调整等具体操作问题，出台细化解决方案，推动旧区改造可持续；联合开发企业，创造性地提出"整体规划、分步实施、大区域平衡、带方案出让"的总体思路，统筹做好历史风貌保护、城市功能提升和居住条件改善等工作，对宝兴居民区位于金陵东路沿线的 10 个街坊进行规划和土地出让,将保留特色的骑楼风貌和海派里弄建筑风貌,围绕"新商务、新消费、新文旅、新居住"核心功能,打造富有上海风情韵味、经典与时尚融合的城市生活新地标——海派金陵路、活力新走廊。

## 三、实践成效

黄浦区把党建引领贯穿旧改工作始终,引导党员干部深刻领会旧改工作蕴含的人民立场,全力破解这一群众最急、最愁、最盼的民生难题,用最好的资源服务人民,持续推动高质量发展、创造高品质生活、实现高效能治理,建设宜居宜业宜乐宜游的人民城市,切实提升人民群众的获得感、幸福感、安全感。

### (一)城区形态日新月异,为推动高质量发展提供重要契机

旧区改造作为促进城市土地再开发利用的重要手段之一,"腾笼换鸟"释放出了土地价值、经济密度和发展潜力,成为孕育新增量、新动能的重要载体。作为建筑密度最高的区域之一,黄浦旧区改造持续换挡加速,极大地重塑了城区的空间形态、功能布局、治理格局,为跨越式提升城区品质、经济密度、核心功能提供重要契机。"十三五"期间黄浦区新增商业商务面积超过 150 万平方米,着力推动 20 个重点商业商务功能性项目以及一批重大基础设施项目建设,累计竣工面积超过 160 万平方米,南外滩 594/596 地块、复兴地块、董家渡金融城项目部分楼宇竣工投产,为优化城区功能布局、提

升商业商务能级拓展了必要空间。比如，作为上海的地标之一，有"中华第一商业街"美誉的南京路步行街于 2020 年完成东拓工程，步行街将从人民广场一直延伸到外滩，打造国际时尚购物街区、摩登休闲街区和漫步的国际化街区，商业业态进一步优化升级。再如，黄浦区聚焦外滩第二立面、金陵东路沿线、南外滩等撬动力强、影响力大的区域，加快推进城市有机更新，紧扣提升城区品质、经济密度、民生福祉三大关键词，来彰显"世界级城市会客厅"的魅力。外滩第二立面，前期通过深入排摸调研，对 177 幢老建筑建立了"一楼一档"、形成了"一楼一策"，完成了空间规划、功能定位产业布局研究，外滩·中央、老市府大楼、外滩源二期、170 街坊（慈安里）等老大楼焕发新颜，极大地焕活了宝贵资源，释放了一批有底蕴、有品位、有特色的商务载体，助力外滩金融集聚带扩容增能。

**（二）旧区改造提速增效，为创造高品质生活奠定坚实基础**

旧区改造是黄浦最大的民生。党建引领旧改以解决民生实际问题为根本导向，通过发挥城市基层党建工作的优势，将党建工作着力点切实落到改善居民基本生活条件的民生实事项目上。"十三五"期间黄浦区完成旧改征收超过 5 万户，超原定目标近一倍。特别是黄浦区以宝兴里旧改为新起点，拓展运用新时代宝兴里旧改群众工作"十法"，不断强化党建引领，创造出旧区改造的新奇迹。黄浦区旧区改造跑出指数级增长的加速度，在以往每年征收户数 5 000 户左右的基础上，2019 年达到 1.2 万户，2020 年达到 2.1 万户，2021 年更是达到历史最高 2.6 万户，三年实现征收总量三级飞跃，累计启动实施旧改项目57个,涉及居民7.8万户,占全市总量的一半。尤其是2022年3月以来,始终坚持一手抓新冠疫情防控,一手抓项目推进,于2022年7月24日实现建国东路68街坊和67街坊东块旧改征收高比例生效,标志着黄浦区成片二级旧里以下房屋改造全面完成,几代黄浦人的夙愿终于实现,也标志着上海持续30年的成片二级旧里以下房屋改造胜利收官,这一困扰上海多年的民生难题得以历史性解决。同时,旧改推进质量也达到历史最好水平,22个项目二轮征询生效签约率超过99%,7个项目实现100%,群众支持度和满意率持续上升,对党组织产生了更多认同感和信任感,进而以更加积极的态度凝聚在党组织的周围,是对党建成果的最好检验。

**(三)治理水平有效提升,为实现高效能治理搭建实践平台**

黄浦旧区改造在大幅改善群众居住环境的同时,以党建为引领推动辖区各方围绕社区公共事务"零距离"协商,共同处理社区公共事务,全面提升了社区治理体系和治理能力现代化水平。在"留改拆"和"微更新"实践中,通过改善空间环境、提升街区功能和传承城市文化,构建政府、社会和居民"三位一体"全方位参与模式,加快推动城市更新;树立"全周期管理"理念,旧改项目建成运营后,按照社区服务高效便捷、议事协商渠道畅通、多元主体良好互动的原则,"从无到有"建立起常态化的植物养护、公共设施使用等居民自治维护机制,"自下而上"形成了居民公约、商铺协议、自律和管理机制,积极构建党组织领导下的居民群众、自治组织、社会组织、企事业单位、行政部门参与的家园共同体,共同构建起人人有责、人人尽责、人人享有的社会治理共同体。例如，黄浦区南京东路街道在江阴一顺天村美丽街区项目建设中充分发挥党建引领作用，居民区党总支挨家挨户走访居民、商户，在充分听民意、访民情、集民智的基础上，邀请律师、单位代表和"两代表一委员"等协商顾问提供专业意见，引入驻区单位太阳能发电方案解决"公灯"用电难题，实施扶梯和走道适老化改造方便老人进出，打造顶楼天台"空中花园"邻里共享空间，协商制定公共部位"值日生"公约等一系列自治机制，社区治理水平极大提升。

## 四、经验启示

凡是过往，皆为序章。党的二十大报告强调，为民造福是立党为公、执政为民的本质要求。必须坚持在发展中保障和改善民生，鼓励共同奋斗创造美好生活，不断实现人民对美好生活的向往。在全面完成成片二级旧里以下房屋改造以后，黄浦将多措并举，全力攻坚零星旧改，精细推进综合修缮，联动提升环境品质，推动"住有所居"向"住有安居""住有宜居"不断跃升。总结黄浦区党建引领旧改、打造人民城市的创新实践，主要有以下三方面的启示。

### （一）习近平新时代中国特色社会主义思想是把航城市基层党建创新的行动指南

习近平总书记对黄浦党建工作提出"走在前列，不辱门楣"的要求，为探索党建引领旧改提供了坚定的实践决心，习近平总书记"人民城市"重要理念,为全力以赴抓旧改明确了出发点和落脚点。面对旧改这块难啃的"硬骨头",黄浦区深入感悟习近平新时代中国特色社会主义思想伟力,深刻认识到旧区改造既是民生工程,也是民心工程,深刻领会重要讲话中指引的方向、明确的路径、启示的方法,自觉贯彻到破解城区"二元结构"矛盾、改善群众居住条件、提升城区能级和核心竞争力的实际行动中,创造了黄浦旧改奇迹。实践证明,只有着力增强落实习近平新时代中国特色社会主义思想的坚定性,切实提高政治判断力、政治领悟力、政治执行力,党建引领旧区改造等各项工作才能打开新局面,开拓新境界。

### (二)党建引领是凝聚人民城市力量的坚实保证

办好中国的事情,关键在党。中国共产党的领导是中国特色社会主义最本质的特征,是中国特色社会主义制度的最大优势。越是问题多的地方,就越要旗帜鲜明地坚持党的领导,加强党的建设。党建工作要始终围绕中心服务大局,面对旧改这块难啃的"硬骨头",黄浦区坚持党建引领,坚持群众路线,以提升组织力为重点,突出政治功能,创新党建工作体制机制,积极探索党组织和党员发挥作用的有效途径,汇聚各方力量和资源,群策群力共破难题。旧区改造是一项复杂的系统工程,政治性、政策性、专业性都很强,不能光靠单一手段或某几方面的力量,需要多策并举,协同联动。实践证明,坚持和完善党的领导,必须注重更好发挥党总揽全局、协调各方的作用,以党建为纽带,有效整合区域资源,健全完善"全区域统筹、多方面联动、各领域融合"的城市基层党建新格局,凝聚起更强的攻坚力、聚合力，为旧区改造保驾护航，把党的政治优势、制度优势转化为发展优势、治理优势。

**（三）以人民为中心是彰显人民城市温度的核心理念**

民惟邦本，本固邦宁。习近平总书记在二十届中央政治局常委同中外记者见面时的讲话中指出，我们要始终与人民风雨同舟、与人民心心相印，想人民之所想，行人民之所嘱，不断把人民对美好生活的向往变为现实。旧区改造既是民生工程，也是民心工程。旧区改造被称作"天下第一难"，难就难在做实群众工作，守住民心。在旧区改造中，黄浦区牢牢树立"以人民为中心"的发展思想，坚持"一线即为练兵场"，充分发挥各级党组织群众工作优势，广泛发动群众，充分尊重群众，紧紧依靠群众，深入宣传群众，真诚服务群众，把旧改过程变成密切联系群众的过程、赢得民心拥护的过程，真正把实事办实、好事办好。实践证明，自觉践行人民城市建设重要理念，坚持把"为人民谋幸福、让生活更美好"作为各项工作的鲜明主题，更好顺应人民对美好生活的新期待，真正设身处地解决群众操心事、烦心事、揪心事，才能真正把实事办到群众心坎上。

（刘小珍）

# "宝兴十法"：
# 全过程人民民主破解天下第一难的黄浦探索

2019年，习近平总书记在上海古北市民中心考察调研时提出，我们走的是一条中国特色社会主义政治发展道路，人民民主是一种全过程的民主。为深入贯彻落实习近平总书记考察上海重要讲话精神，将总书记重要指示转化为具体实践，近年来，上海认真践行"人民城市人民建，人民城市为人民"重要理念，坚持广纳群言、广集众智，丰富有事好商量、众人的事情由众人商量的制度化实践，将全环节、全流程、全领域的全过程民主形式运用于城市旧区改造工作，转化为破解上海"旧改"难题的具体行动和实践，持续创新体制机制和方式方法，全力打好旧改攻坚战，让更多居民实现了安居梦。

## 一、背景情况

城市旧改征收是关系到民生福祉的大事，也被称为"天下第一难""最难啃的硬骨头"。推进旧区改造，解决上海老百姓的住房困难问题一直是上海市委、市政府最重视的民生工作。黄浦区作为上海旧改任务最重、难度最大的区，承担着上海一半的旧改体量，因此黄浦历届区委区政府始终将旧改作为最大的民生，一次次敢为人先改革突破，不断破解旧改中的难题。特别是党的十九大以来，黄浦旧改更是按下了"快进键"，旧改征收总量实现了一次次飞跃：2018年旧改推进规模突破7 000户，2019年突破1.2万户，2020年突破2.1万户，2021年达到2.6万户，大批居民通过旧改大幅改善了居住条件。在这当中，外滩街道宝兴里社区更是创造了令人惊叹的旧改奇迹。

黄浦区金陵东路地块，位于上海市中心的黄金地段，见证了上海百年的繁华，这里还是"申城第一居委会"——宝兴里居委会的诞生地。上海解放之初，面对宝兴地区治安混乱、环境脏乱、居民生活困难重重的现实状况，在王怡白等共产党人的带领和组织下，发动并依靠群众力量解决了宝兴里居民生活和社会治安等问题。1949年12月，"宝兴里居民福利委员会"在宝兴里宣告成立，这是上海第一个、新中国第一批居民自治组织。1951年4月，宝兴里居民福利委员会更名为"宝兴里居民委员会"。此后，在上海发展的每一个重要历史时期，宝兴居民在党组织领导和居委会带动下，积极支持国家，建设家园，服务自己。进入新时代，宝兴里作为上海典型的老旧居民区，由于建造年代久远，很多房屋已破烂不堪，公共基础设施陈旧落后，一半居民没有独立的厨卫设施，居民户均居住面积狭小，只有12.6平方米，连上海全市户均面积的1/7都不到。近年宝兴里虽经历了数次微更新，但无法从根本上解决居住困难的问题，居民期待改善居住条件的呼声十分强烈。

面对群众急难愁盼的紧迫问题，上海市委、市政府将宝兴里作为为民解难题、办实事的重要"责任田"以及"不忘初心、牢记使命"主题教育和"四史"学习教育的结合点、基层实践点。时任市委书记李强将黄浦区宝兴居民区作为自己主题教育基层调研点和"四史"学习教育党支部工作联系点，三赴宝兴里开展旧区改造调研，深入思考和研究破解旧改难题的思路办法，通过"解剖麻雀"、以点带面，着力搞清楚现阶段旧改这一民生难题的症结所在，协调解决旧改征收中遇到的容积率、市区土地储备联动机制改革等难点瓶颈问题，指导推动全市旧区改造和城市更新全面提速。在上海市委、市政府的高度重视下，在宝兴里居民对旧改工作的支持、参与和配合下，黄浦区将人民城市理念应用于城市旧区改造工作，转化为破解旧改难题的具体行动和实践，创新旧改工作机制和方式方法，最终创造了宝兴旧改172天实现1 136证居民100%自主签约、100%自主搬迁的"双百奇迹"，并实现大规模地块"零执行"，从而为全市打造出中心城区大体量旧改的"宝兴里样本"，以新时代旧改征收的生动实践，诠释了"人民城市人民建　人民城市为人民"重要理念。

## 二、主要做法

### （一）把每个细节都"晒"在阳光下

#### 1. 一把尺子量到底

公开透明是取得居民信任、实现公平的关键，也是旧改征收能否取得成功的关键。针对一些居民存在"钉子户获利多"的心态，宝兴里旧改坚持"一把尺子量到底""一碗水端平、一竿子到底、一揽子公开",全程坚持"三公开"(房屋征收补偿方案、补偿标准、补偿结果)、"三公布"(房屋征收决定、补助奖励政策、补助奖励标准)、"三透明"(房屋征收调查结果、初步评估结果、补偿情况)的原则,居民们可以在征收所大厅随时查询到每户居民的人员、面积、补偿、房源等信息,真正把旧改征收的全过程,包括每个细小环节都"晒"在阳光下,充分保障了旧改征收的公平公正。

**2. "两个讲清"让居民由"要我搬"变成"我要搬"**

针对旧改居民中"闹一闹总归有好处的""听说钉子户都发财了"等错误模糊认识,宝兴里旧改工作人员注重加大宣传力度,通过在弄堂口张贴沪语漫画等形式及时予以澄清,讲清从"数人头"到"数砖头"征收政策的变化,用新政策改变居民的老观念。同时,着眼从居民利益角度出发做到"两个讲清",即讲清政策、讲清好处。一是结合动迁到征收的政策变化脉络,讲清宝兴里旧改征收提前两三年是一次绝好的历史机遇,居民们要认清形势、把握机会,如果在签约期限内第二轮方案征询签约率不到85%,三年内将不再安排旧改,政府会尊重居民意愿,严格依法依规办事;二是讲清此次宝兴里旧改征收是从全区层面统筹兼顾,既考虑了征收对象生活条件极端情况,更是考虑了居民平均生活水平,已尽最大可能保障多数人的利益。旧改是为了彻底改善居民们的生活环境,但征收方案的最终决定权是属于居民的,居民们投票表决时要依据形势考虑清楚。"两个讲清"让不少原本对征收政策有疑虑的居民都转变了想法,由原来的"要我搬"变成"我要搬"。

### 3. 打铁还需自身硬

在宝兴里旧改征收中许多党员、干部带头将自己家的补偿方案公开给群众，在这方面居委会干部尤其是家里也有参与征收的干部，以及宝兴里的党员、老干部，都做了非常好的榜样。居委会主任陈冬的家也在征收范围，面对心理落差巨大的居民，她直接摊开自家的报告，"你看，我们家这次评估价比你们还低呢"，一句公开"比惨"平衡了心理价位过高的居民心态。同时，征收所和居委会还告诉居民，"阳光征收"就是确保签约标准前后一致，居民先签后签的补偿价格都一样，甚至先搬走的还能获得奖励。与宝兴里小区一街之隔，征收所大厅设有多个电子触摸屏，征收地块所有居民安置结果全部公开并可实时电脑查询。通过电子触摸屏，居民们可以随时查询到每户居民的人员、面积、补偿、房源等信息，公开、透明，让更多居民签得更放心、更踏实，也从源头上杜绝了"运作空间"。旧改征收政策和过程全公开透明，从区里到街道，到居委会，到征收所，做到问谁都一样，找谁都没用，充分体现了旧改征收的公平公正，彻底打消了某些人"想通通路子"的念头。

### （二）"宝兴十法"推动旧改提速提质

#### 1. 走好新时代群众路线

在宝兴里旧改中，各级干部发扬党的优良传统，实行"一把钥匙开一把锁"，用老办法解决老问题、用新方法解决新矛盾，在实践中不断探索和创新群众工作方法，并总结凝练出管用好用的宝兴里旧改群众工作"十法"，有力推动了旧改的提速提质。一是一线工作法。

干部到一线下沉、问题在一线发现、资源在一线集结、工作在一线推进，通过一级带一级的组织体系，推动党员干部把旧改工作做实、做到位。二是精准排摸法。宝兴里旧改中，基层干部发扬工匠精神，并依托城市运行"一网统管"等大数据分析，逐一排查全面摸底，整合各种信息、加强关联分析，把调研工作做准做细，为精准对话和服务提供了基础。三是党员带动法。通过党员们带头示范、现身说法，带动居民签约，这是优良传统，也是老办法、最管用的办法。四是危中寻机法。旧改遇上疫情影响，黄浦区通过危中寻机、化危为机，把新冠疫情影响期变成了"增进民心期"。五是平等交流法。一线干部们在征收中既讲征收动迁政策的"普通话"，又讲居民容易听、听得进的"上海话"，以平等交流的方式去打开居民的心扉。六是循序渐进法。工作人员做动迁居民的思想工作时坚持稳中有进、把握节奏，因时因情因势能快则快、该慢则慢，循序渐进地开展思想工作。七是钉钉子法。基层干部采取难与易统筹推进，一开始就瞄准重点户，不断登门讲道理、做工作，不厌其烦地对话。八是换位思考法。要求工作人员站在居民利益的角度，设身处地为居民着想。九是组合拳。工作人员把解决群众的操心事、烦心事、揪心事当作分内事，精准对接居民需求，打好民生保障的组合拳，尽力帮助居民解决好遇到的问题和困难。十是经常联系法。随着旧改居民搬离，宝兴里遇到了党员人户分离新情况，对此宝兴居民区党总支积极探索推出人户分离党员联系服务机制，对搬离的这些党员时时关心、处处挂怀。

2. 坚守为民情怀

宝兴里旧改的成功推进离不开居民群众的支持配合。在宝兴里旧改过程中,黄浦区始终坚持"人民城市人民建,人民城市为人民"重要理念,按照李强书记在宝兴里调研时提出的"把旧里群众当亲人"的要求,把旧改作为民生工程、民心工程。基层干部用"贴上去""沉下去"的工作方法,发扬"牛皮糖""钉钉子"精神,"多把钥匙开一扇门",真心实意、想方设法去打开居民的旧改心结,帮助居民解决实际困难,尽力将居民的困难解决在签约前。市区职能部门主动靠前做工作,在一线解决棘手问题。地块所属的外滩街道党工委成员全部上阵、包块入户,有情况随叫随到;街道干部下沉基地,分片包干、责任到人;居委会工作人员利用与居民熟悉的优势,发扬"用尽千方百计、说尽千言万语、不怕千辛万苦"的"三千精神",走百家门,知百家事,解百家难,充分发挥旧改黏合剂、润滑油的作用,硬是在居民和征收所之间搭起了相互信任的连心桥。把旧里群众当亲人,把居民群众的旧改征收事当成自己的家里事来办,成为宝兴里旧改中的一项基本工作原则。

3. 做好征收后的服务工作

旧改工作,不只是为了让居民签约、搬走,居民的生活才是工作人员最牵肠挂肚的事。宝兴里的基层社区干部并没有在居民签约之后就"一切甩手不管",而是继续做好服务,千方百计帮助居民解决各种问题。孙阿姨老两口都是社区的老党员和热心志愿者。他们虽然签了约,但征收补偿费用还没有到手,他们在上海没有其他房产,只能先选择租房,可是始终都没有找到合适老两口的房子。居民区党总支听说了老两口的情况,就热心帮忙找房子,在居委会书记徐丽华的牵线下,老两口担心了有些日子的租房问题,终于得到解决。随着旧改工作进入尾声,宝兴里党员和居民人户分离情况越来越突出。外滩街道党工委按照"分手不撒手,党员管理不缺位;离家不离心,党员教育不断线;联系不断档,党员服务不打烊"的工作原则,在落实"三会一课"、主题党日等组织生活的基础上,通过开展"2+X"人户分离党员"回娘家"等特色活动,努力探索人户分离党员联系服务机制,持续做好人户分离党员的联系服务教育工作。如今每逢节假日,总有居民从四面八方赶回宝兴里,在这里重叙故土温情。

**(三)党建引领成为推进宝兴里旧改的最大法宝**

党的二十大报告指出,"把党的领导落实到党和国家事业各领域各方面各环节""推进以党建引领基层治理",加强党对基层民主政治建设的领导是落实党领导一切政治原则的重大任务,是推进基层治理代化的必然要求。为此,宝兴里旧改首次在区级层面构建了"党建联席会议+临时党支部+党员先锋队"的党建领航机制和党建工作架构,通过党建引领,搭建协商议事平台,将社会各方力量汇聚到一起,群策群力共破难题。

**1. 把支部建在项目上,以党建引领基层治理**

金陵东路地块(宝兴、盛泽居委)设旧改项目临时党支部。临时党支部由宝兴居民区、盛泽居民区、区征收事务所、外滩街道房管办等部门(单位)派员组成。临时党支部充分发挥基层党组织的战斗堡垒作用,及时解决居民群众需要;统一协调各参与单位的行动,高效处理遇到的问题和各种突发事件,负责项目日常的党内活动组织开展;传达和通报上级指示精神;配合完成上级或联席会议需要配合完成的党建工作等。

## 2. 成立党建联席会议，搭建协商议事平台

金陵东路地块（宝兴、盛泽居委）旧改项目党建联席会议由区府办、区旧改办、区建管委、区市场监管局、区房管局、外滩街道、金外滩集团、复兴城集团、杏花楼集团、美丽华集团等部门（单位）党组织派员组成，具体负责组织推进该地块旧改项目党建工作。党建联席会议的主要职责：一是讨论确定党建工作助推旧改项目的目标任务、工作计划和重点事项；二是协调推进旧改项目相关党建重点项目的落实；三是协调解决旧改征收推进过程中需要党建参与的重大问题、难点问题。在组织架构上，党建联席会议由区组织部部长和分管副区长两名常委包干的"双组长制"，并由区建管委主任和外滩街道党工委书记担任副召集人。联席会议成员单位则由区属职能部门党组织及驻区企业党组织组成。为确保联席会议有序高效运作，联席会议内设联络组及若干专项小组，通过分类整合、专业运作、灵活机动的组织活动方式，聚焦回应和解决金陵东路地块（宝兴、盛泽居委）旧改项目推进过程中的热点、难点问题。

## 3. 设立党员先锋队，发挥先锋模范作用

临时党支部下设党员先锋队，设立了居民区党员先锋队、征收事务所党员先锋岗、机关青年党员突击队等，通过党员亮相、带头签约等，充分发挥了党员干部的先锋模范作用，以实际行动消除居民群众认为他们签得晚、实惠多、廉价房多的错误心态，并且带动、影响周围群众签约。旧改居民周永健多次表示，自己作为党员"要对得起新中国上海第一个居委会这块招牌"。旧改征收地块内涉及158证黄浦区政府、街道、居委等党员干部家庭，有的是父母家、有的是兄弟姐

妹家，这些党员干部主动做好自己家庭的动员工作，全部率先完成签约。在党员事事带头的同时，很多党员居民还积极做好左邻右舍的群众工作，从而有力推动了宝兴里旧改进程。

## 三、经验启示

在 2019 年启动的宝兴里征收中，坚持两轮征询制，将要不要征收、如何征收的决定权交给居民，由被征收的居民自己投票决定。正是因为两轮征询前征收意愿、征收方案等征询事项都是在广泛协商的基础上由居民最终决定的，使宝兴里旧改只用了 172 天，创造了 172 天实现 1 136 证居民 100% 自主签约、100% 自主搬迁的"双百奇迹"。宝兴里旧改还实现了居民单位知晓率、选票送达率、投票参与率三个 100%，创造了黄浦区旧改征收居民参与度、大体量旧改项目一轮征询赞成率、二轮征询首日签约率、二轮征询居民签约速度、搬迁率等"五个第一"的纪录，并以 354 天"零执行"成绩，创造了全市大体量旧改项目当年启动、当年收尾、当年交地的新纪录，最终实现了大规模地块的"零强迁"。宝兴里旧改，其意义远不只是数字、新纪录带来的振奋。2020 年宝兴居民区党总支被授予"全国抗击新冠肺炎疫情先进集体"和"全国先进基层党组织"荣誉，宝兴里的旧改征收还推进了上海市区土地储备联动机制的改革，在宝兴里旧改中形成的新时代做好群众工作的"宝兴十法"，不仅成为推动上海旧改提速提质的有效方法，也成为上海人民城市建设中的重要工作方法，传神地诠释了"人民城市人民建，人民城市为人民"的重要理念。

### （一）发展全过程人民民主必须坚持以人民为中心

城市旧改征收是关系到民生福祉的大事，最终目的是为了满足人们对于自己所居住城市的建筑物、周围的环境、出行、居住生活等方面更高水平的期望和需要，让生活在城市中的全体人民获得更加舒适的生活、工作环境，感受到城市的建设发展所带来的获得感和幸福感。宝兴里旧改始终坚持人民至上的价值导向，将维护居民利益、尊重居民主体地位、引导居民有序参与贯穿于旧改工作的全过程和各领域。宝兴里旧改中听民意、解民情、民主协商等民主治理实践的运行，不仅触发、促成和推进了社会民生，并且最终落实为社会民生的实现。

人民性是中国民主和国家治理的根本政治立场，这一立场决定了坚持以人民为中心、人民至上成为全过程人民民主的核心价值，同样也是我国国家治理现代化的根本价值遵循。宝兴里旧改正是在坚持以人民为中心的价值理念引领下，创设出"宝兴十法"，通过"宝兴十法"破解各种旧改矛盾和居民反映强烈的问题，从而最终创造了宝兴里旧改的奇迹。

宝兴里旧改的经验表明，只有坚持以人民为中心，坚持把广大人民的根本利益置于经济社会发展的优先位置，让城市建设发展的成果更多更公平地惠及广大人民，我们城市的建设和发展才能获得人民的支持与认可，全过程人民民主坚持人民至上的价值导向才能真正落地。

### （二）坚持和加强党对基层民主建设的全面领导

细细揣摩宝兴里70年来的光荣历史，我们不难发现，宝兴里的昨天和今天，就是党领导下践行"人民城市人民建，人民城市为人民"理念，居民自我管理，开展民主建设，改天换地、旧貌换新颜的生动写照。1949年上海解放之初，正是在共产党人的带领和组织下，经过第一代居委干部的不懈努力，宝兴里的面貌才焕然一新，凭借着"为民谋福利"的初心和实干作风，宝兴里基层党组织也得到了居民群众的衷心拥护。宝兴里旧改中，外滩街道党工委坚持以党建引领旧改，把党建贯穿于旧改全过程，用旧改检验党建成效。利用党建联建平台优势，进一步发挥了各部门（单位）的职能优势、街道党工委和居民区党组织的组织优势和政治优势，以及企业的资源优势，打破了不同行政和资产隶属关系部门（单位）的限制，有效整合了区域内资源，为旧改工作凝聚起更强的攻坚力、聚合力，走出了一条符合上海旧改征收特点和规律的基层党建新路。宝兴里旧改的经验证明，建设人民城市，发展全过程人民民主关键在党。要坚持和加强党对全过程人民民主建设的全面领导，强化党建引领作用，扎紧织密党在城市基层的组织体系，以党建推动全过程人民民主建设工作的不断前行。

**（三）群众路线是推进全过程人民民主在基层落地的内生动力**

群众观点是马克思主义的基本观点，群众路线是我们党的根本工作方法，群众的事要多同群众商量，民生改善绝不是政府一家拍脑袋做的事，而是要与群众一起协商，发动依靠群众共同参与的工程，只有坚持有事多商量，做事多商量，商量的越多越深入，才能真正维护好、实现好人民群众的根本利益。旧改被称为天下第一难，难就难在做群众工作。旧改征收中每一平方米都是"真金白银"，这种时候怎么让居民不要计较，轻易放弃？怎么讲好舍小家为大家？在宝兴里旧改中，始终坚持人民当家作主的主体地位，通过"宝兴十法"发挥党密切联系群众的最大政治优势，创新各项制度机制和举措，听民情、聚民意，就征收意愿、征收方案等旧改事项与居民广泛协商，精准对接居民需求，寻求最大"公约数"，充分体现了尊重人民、依靠人民、众人的事情由众人商量的人民民主的真谛。从群众实际需要出发，通过"一把钥匙开一把锁""让群众做群众工作"，打开了居民的旧改心结，真正把工作做到群众心坎上，让旧区改造成为倾听群众呼声、解决群众难题、赢得群众支持的过程。

宝兴里用旧改新纪录充分证明，群众路线是我们党的生命线和根本工作路线，也是推进全过程人民民主在基层落地的内生动力。在新时代，面对百年未有之大变局，必须坚持不懈把践行党的群众路线摆在更加突出的位置，善于发动群众，紧紧依靠群众，不断增进同人民群众的感情，只有坚持有事多商量，做事多商量，商量的越多越深入，才能真正维护好、实现好人民群众的根本利益。

老虎窗、石库门下，宝兴里旧改的传奇还在被复制演绎着……上海在加速旧改的同时，更在加速建设！未来黄浦区计划将金陵东路地块打造成代表上海城市形象的"海派金陵路、活力新走廊"地标，未来将有更多的热闹、更多的人流出现在曾经的旧里；而那些搬离的居民们，将在新家安居乐业，宝兴里将成为他们对过往生活的美好回忆。而这，正是旧改的意义所在，也正是上海对于"人民城市"理念的践行！

（杨 萍）

# 深入推进共同体建设
# 共建共享人人幸福的和美街区

基层是城市治理的重心所在、基础所在、支撑所在。推进基层治理体系和治理能力现代化、实现高效能治理是新征程上海工作的关键着力点与鲜明目标导向。近年来,黄浦区五里桥街道以习近平新时代中国特色社会主义思想为指引,认真贯彻落实习近平总书记关于基层社会治理的重要论述与考察上海重要讲话精神,深入践行人民城市重要理念,锐意进取、开拓创新,在已有工作积累基础上推出并实施"和美街区"建设项目,通过在街道和居民区之间创设街区治理新体制,动员了社区多元主体的广泛参与,推进了街区共同体建设,创新了社会治理格局,为新时代城市基层社区治理提供了可资借鉴的经验。

## 一、背景情况

五里桥街道位于上海市黄浦区西南部,面积3.09平方公里,其中南部滨江区块曾是世博会场馆和江南造船厂所在地,常住人口8万余人,共有19个居委会,街道党工委下属各级党组织133个。近年来,五里桥街道充分发挥党建引领在社区治理中的核心作用,不断创新方式方法,积极拓展载体渠道,在基层党建、社区治理方面探索了不少成功案例,取得了非常突出的成绩,不仅在上海有很高的知名度,而且在全国都产生了很大反响。党和国家领导人及市委、市政府主要领导多次莅临社区考察指导工作。中央电视台、《人民日报》《解放日报》等主流权威媒体对先进案例、成功做法多有报道。

"和美街区"创建起步于2017年。它之所以形成并有效推进,背景有如下三个方面。

### (一)推进基层社会治理精细化与满足群众美好生活需要的客观要求

虽然五里桥街道地处中心城区,社区群众生活水平普遍较高,但在托幼养老、旧房改造、停车互惠、街区绿化治安等方面仍然存在影响群众获得感、幸福感、安全感的诸多痛点、堵点、难点。特别是,在社区(居住区)和商区、园区的连接处,存在着一条条"流动马路"构成的街区空间。这一中间"衔接段"因人群流动性大、小微商业多、居民参与度低一直存在治理资源难整合、治理难度高的实际问题,由此给推进基层治理精细化提出了现实课题与更高要求。

### (二)街道基层党建与社区治理品牌及经验的自然延伸

近些年来街道在基层党建与社区治理方面积累的丰富经验直接孕育了"和美街区"构想,或者说,它是一个自然而然的结果。在此之前,"4+1"工作法(即组团式服务、民主化管理、区域化支撑、群众性评议和工作机制保障)已经成为五里桥街道基层党建的一张名片,另外如居民区"三会制度"(矛盾协调会、决策听证会、政务评议会)也开展得有声有色。一系列有效做法与成功实践都为工作进一步拓展奠定了良好的基础与条件。

**(三)提升基层组织力、理顺基层治理新体制的实践要求**

按照2014年市委一号课题精神要求,上海对原有的社区街道体制进行了调整。新体制下,街道的组织架构、基本职能等都发生了显著变化。比如,街道党工委领导社区党委和行政党组,即"1+2"新体制取代了原来社区党工委(街道)领导综合党委、行政党组和居民区党委的"1+3"体制,"1+3"中综合党委与居民区党委职能由新建立的社区党委包含。在改革转换适应过程中,如何突出党建引领作用,切实发挥行政党组与社区党委作用,继续完善基层社会治理结构,从而实现工作重心下移、资源下沉、权力下放,就需要实践的探索与检验。无疑,和美街区建设正是对社区新体制的大胆探索与突破实践。

## 二、主要做法

**(一)合理划分街区共同体空间范围**

"和美街区"建设具体由"和"与"美"两个系列项目构成,寓意"和谐""美丽"。"和"系列由街道体制改革后新组建的社区党委牵头,在前期主要依托局门路"益空间"党群服务站,以文明安全街区创建等项目为重点，聚焦街区人文软环境的提升。"美"系列则由行政党组牵头，主要依托网格中心东区工作站，以生态环境综合治理为重点，聚焦街区面貌硬环境的美化与改善。

"街区"概念是社区治理体制的一个新探索。在上海的社区治理中并没有街区这一概念或层级。我们常用"社区"这一概念，但上海的社区与其他地区很不一样，它的指称可以是一个居民区，也可以是几个居民区，甚至可以是一个街道。对于共同体建设而言，如果社区扩展到一个街道，情况多元复杂，难以称得上是共同体；而局限于一个居民区，资源又太少，难以解决共同意愿与诉求。"街区"介于街道与居民区之间，不是几个居民区的任意分割与组合，不是"拉郎配"，而是由几个在历史渊源、生产条件、生活方式等方面具有共同特质的居民区组成。比如，几个居民区共用一个菜场、孩童共在一个学校读书、面对共同的停车堵车现实难题，等等。

按照街区的内涵，五里桥街道将辖区以南北高架路、中山南路高架为界划分为三个街区。南北高架以东、中山南路高架以北是局门路街区。这一街区沿局门路沿线展开，组织形态较为丰富，是街道党工委办事处所在地，同时分布有6个居委会、5所学校、20多家区域单位、280多家"两新"组织，还包括上海最大的一个创意园区——江南智造（内含7个小园区，300多家企业，5 000多名员工），具有党建基础好、社区资源多、社会活跃度高等特点。基于上述优势与特色，这一街区可称为创意家园街区。在世博会城市最佳实践区的启发下，街道党工委试图将其打造成为党建引领下的社区自治、居民共治最佳实践区。和美街区建设初始也重点由这一街区展开，然后由点到面，逐步向广覆盖推进。南北高架以西、中山南路高架以北几个"瞿字头"（因瞿溪路而得名）居民区，主要以居住为主，社区老年人较多，综合为老服务中心也坐落于此，因此称为颐乐生活街区，主要着眼于提升生活便利，特别是养老为老服务水平。中山南路高架以南是人文滨江街区，此处有不少宣传红色文化的场所与现代工业文明的遗址等，社区文化活动中心也坐落于此，同时与区委提出的滨江党建形成呼应。

### （二）党建引领和美街区建设

"党政军民学，东西南北中，党是领导一切的。"基层作为社会治理系统的基础部分，党建在其中扮演着龙头工程的角色。可以说，党建引领缔造了中国基层治理的政治逻辑。党建引领不仅为基层治理规定了方向，更为基层治理注入了灵魂。在推进和美街区建设过程中，五里桥街道牢牢把党建引领作为根本支点与着力点，做实做强党建特色。

#### 1. 组织引领

强化街道党工委的统一领导，充分发挥社区党委和行政党组在街区共同体建设中的组织整合与资源动员优势，形成街道、街区、居民区三级联动的治理网络。在初步探索中，街区层面的共治组织主要是街区党建（共治）联盟。以党建为主体，以共治为内容。街区党建（共治）联盟中设理事会，由担任社区党委委员的社区书记担任理事长，在驻区单位和街道顾问中选择一位代表担任轮值主席或副理事长。为支撑街区党建（共治）联盟的工作，推进街区共治具体项目的实施和运转,在其下设若干共治小组,其中主要有议题征集组、群众志愿组、监督评议组三个。在此基础上,各街区可根据自身特点的不同,分别成立其他功能的共治小组。

2. 项目引领

和美街区在实践中落实为一个个具体的项目。例如,"和"系列是以文明安全街区创建、邻里点建设、错时互惠停车、老公房加装电梯、居民自治微创投、"七彩楼组"建设等为重点,联合各类主体共同营造睦邻文化与自治共治氛围,以此打造熟人社区,进一步增进街区的和谐度与温情度。又如,"美"系列是以生态环境综合治理、"五违四必"专项整治和住宅小区综合治理等为重点,通过由东到西、连片治理、滚动推进,推动街区无证无照经营、无序设摊、跨门营业、违法搭建等顽症治理和楼道墙面刷新、外墙管道修缮、垃圾厢房改造、街区设施增配、临街围墙美化等美丽街区建设项目实施,形成多方参与的共治合力,进一步提升街区环境的感受度与美化度。

3. 共治引领

以深化区域化大党建工作格局为目标,依托街道党建服务中心和"益空间"党群服务站的服务延伸功能,充分发挥党组织在凝聚人心、协商议事、协调行动等方面的组织优势和资源优势,推动居民区党建、"两新"党建和区域化党建"三建融合",带动社区、园区、校区"三区联动",形成"党建带群建、促共建"的联动机制。

典型案例:党建联建,解决小区停车难。"停车难,难于上青天",这是在五里桥街道党建交流会上大家的戏称。作为上海市中心,停车难是当地群众反映最强烈的问题之一。辖区内有8号桥等大型园区,"错峰停车"是个解决办法,但说起来容易,在社区与驻区单位间实现却不易:一方面,需要有人来牵头促成;另一方面,要有规章制度让"错峰停车"能有序进行。对此,2017年街道依托区域化党建联席平台,将居民区党总支、学校党总支和园区党总支聚集在一起,召开协调会讨论解决方案,一共挖掘出了192个可供"错峰停车"的车位,并组织园区与居民区共同制定了"潮汐式"停车的管理公约,协商出双方都能接受的早晚停车收费标准。如今,在8号桥创意产业园区内,一到傍晚,不少白领的私家车开走后,住在一墙之隔——中二居委会内的不少居民就把私家车停了进来,而到了早上,8号桥上班的白领则可以将私家车停在居民区内的空车位上。如此共治共赢的解决方案,极大地缓解了园区与老旧小区停车难的问题。

4. 自治引领

在基层精细化治理过程中,党的领导贯穿始终,是自治议题的策划者、前期介入的主导者、组织嵌入的培育者、规则制定的领头者、利益矛盾的调解者。但引领不是包办,社区治理最终要回归自治。通过自治引领,解决基层治理难题,并培育广大居民的自治意识与自治素养。

典型案例:点赞广场,微创投引领居民自治。"老吾老,以及人之老。"五里桥街道老龄人口占总人口比例约1/3,为老服务和敬老服务一直是五里桥基层党建工作和社会治理工作中重要的一部分。街道多个社区内都有小而美的中心花园,供老人休闲遛弯,紫荆中心花园就是其中之一。紫荆中心花园有个葡萄藤长廊,每天长廊下有很多老人坐着休息。然而,葡萄藤长廊年久失修,顶上的横梁多数已损坏严重,形成了一定的安全隐患。在紫荆党总支组织的"紫荆议题征询会"上,居民们提出了紫荆中心花园长廊改建需求。在确定原样修复方案之后,紫荆党总支想到了一个时髦"好点子"——网络众筹修复!党总支和新途健康促进社通过和点赞网合作,发起了"给他创造一个邻里花园"的众筹项目,项目上线后,在居民区内反响热烈,经过4170人的奋力点赞,最终成功筹集到20854.44元。现在紫荆中心花园焕然一新,过去的安全隐患不复存在。

5. 价值引领

和美街区建设重在"和"。一方面,充分调动与发挥党员的先锋模范作用,带动社区骨干、志愿者、社会人才以及居民群众投身社区公益;另一方面,通过项目实施,增进睦邻感情,打造熟人社区,让社区生活充满正能量。

典型案例:模范引领,老公房加装电梯。恭房小区建于20世纪90年代,是一个售后公房和商品房混合小区,小区很小,居民老龄化程度较高,由于没有电梯,老人上下楼很不方便,在议题征询会上,恭房小区居民要求安装电梯。党总支与恭房小区业委会一起,通过"三会"制度,组织业主开展"二次征询",达到了小区全体业主2/3同意、6号楼、5号楼两栋加装楼主100%同意。党总支还组织业委会、居民代表到外区参观,学习加装电梯的成功经验。值得一提的是,在此次电梯改造工程中,党员的先锋模范作用得到了充分体现。老小区加装电梯,居民们需要自筹一笔不菲的电梯建造费用,分摊方案确定后,有户居民认为噪声会对生活有影响,要求降低费用。受其影响,楼下的居民也提出了降低自家费用标准的意见,于是该楼产生了 5.2 万元的差额。正当大家发愁时，有名老党员主动要求"认领"。在他的带领下，越来越多的党员加入了认领队伍，共同筹集了这笔资金。为了方便开展后续工作，5 号楼和 6 号楼都成立了"安装电梯推进小组"，由 3 名居民代表担任组员，在大家共同参与下，有序推进电梯安装项目。电梯安装实施项目已正式开工建造，居民们盼了多年的梦想终于要实现了。

### （三）形塑"四治一体"社会治理格局

一是社区事务自治。社区自治是社区治理的基石，也是五里桥街道一直致力培育的。楼宇自治小组、自治家园理事会等都是社区的自治力量。通过自治，不仅减轻了政府负担，同时也解决了政府不好介入、不易解决的治理难题。

二是社区管理共治。党建引领是前提，但在今天的社区治理中，仅靠党的力量来推动又是不现实的：不仅没有足够的力量，而且全面介入效果未必好，因此必须引入社会各方面的力量，推进社区共治。和美街区建设中，街道、街区和居民区分别通过街区党建（共治）联盟等平台，把方方面面的力量吸纳聚合起来，共同参与到建设美好家园中来。

三是社区秩序法治。法治为党的领导与人民当家作主提供根本保障，社区治理离不开法治的规范化引导。街道在和美街区建设中始终把规则化、制度化、法治化挺在前面，以法治促和美、固和美，像城管、市场监管、公安、市容等政府职能部门，对应的正是实施法治的力量。

四是社区文明德治。和美街区建设重在"和"。通过大力弘扬社会主义核心价值观，积极加强社区文化建设，整合社区各种优秀文化资源，打造社区文化品牌项目（如五里风采人物评选等），形成服务人、关心人、凝聚人的社区文化。

## 三、经验启示

经过几年来"和美街区"的探索与实践，五里桥街道的街区治理取得了诸多成效：

一是社区治理合力显著增强。借助街区，把原来被不同单位和组织锁定的封闭资源整合起来，构建了一套资源链接的机制和平台。同时，基层治理空间得以拓展，实现了从封闭空间向开放空间，从小区空间、单位空间向街区空间的转换。

二是主动参与的意识不断激发。在和美街区推进过程中，街区党建（共治）联盟注重培育"街区是我家，建设靠大家"的自我参与意识，通过开展系列微创投自治项目，激发了居民积极当家作主的行动自觉，从而有力地推动了街区认同的形成与巩固。

三是群众获得感和满意度不断提高。借助街区这一载体实现了治理盲点的覆盖和治理缝隙的消除，有力推动了长期困扰街区"老大难"问题的解决，并为社区发展性议题的提出奠定了基础。

### （一）党建引领是基层民主与社区治理的前提与保障

中国特色社会主义最本质的特征是中国共产党领导，中国特色社会主义制度的最大优势是中国共产党领导。现实生活中，很多人对这一论断的认识还不到位，认为"搞基层民主与自治，就应该完全抛开党组织,让群众自己来解决所有问题""现在党组织干预太多了"。但是只要深入到基层治理的实践,就会深刻感受到,离开党的领导、党建引领,做成功一件事情并不容易。以社区与园区错峰停车为例,这件事情说起来容易,但实现却不易:一方面需要有人来牵头促成,另一方面要有规章制度保障有序运行。但是居民区与园区之间的天然联系比较弱,但共性是都有党组织,可以通过党建联席会议来组织各方沟通协商。审视社区共治自治过程中的每项案例,我们都能发现基层党组织在其中发挥的先锋引领作用。总的来看,党组织及其党建活动在超大城市基层治理的优化完善中发挥着重要的"组织力供给"和"制造合作"的引领作用,不仅是政府碎片化治理的缝合者,也是社会协调的链接者,还是社区自治活力的激发者。基层治理精细化要抓牢用好党建引领这张"王牌"。

**(二)提升基层组织力必须适应时代变化,不断创新机制、载体与平台**

党的二十大报告指出,严密的组织体系是党的优势所在、力量所在。各级党组织要履行党章赋予的各项职责,把党的路线方针政策和党中央决策部署贯彻落实好,形成大抓基层的鲜明导向,把基层党组织建设成为有效实现党的领导的坚强战斗堡垒。新时代条件下,面对经济社会的深刻变迁,如何持续提升基层党组织的政治功能、组织功能是一个永恒的课题。特别是对于上海这样的特大城市,基层情况又更加复杂,要满足人民群众对美好生活的新期待,就必须上下同步发力,织密治理网络,发挥社会多元主体作用,推进社区共治,实现治理绩效最大化。"和美街区"就是一种思路、机制上的重要创新探索，通过打破"社区藩篱"，推动跨域跨界协作，打造了一个有机互动的社区治理平台体系，构建了一个资源共享、平台联用、信息互通的良性社区治理空间。不仅实现了治理空间的拓展，还通过社区资源的整合与链接，实现了对治理盲点的覆盖与治理缝隙的消除。

**（三）居民自治是实现基层治理现代化的重要目标与导向**

推进基层治理现代化，关键还要激发居民群众的参与热情，逐步培育基层自治。"和美街区"推进实施过程中，五里桥街道坚持依托居委会、业委会、社区委员会及第三方社会组织，发动群众参与，推动社区自治。比如，在紫荆中心花园长廊改建项目上，紫荆党总支并没有按照原来的传统办法，直接动用党组织服务群众经费单方面实施，而是引入第三方社会组织，采用网络众筹办法募集款项。项目上线后，在居民区内反响热烈，经过居民的奋力点赞，最终成功筹款2万多元。现在紫荆中心花园焕然一新，过去的安全隐患不复存在。这种自治微创投的模式现在已经推广运用到其他项目。在这一过程中，居民区党组织通过议题征询和听证会程序丰富了从居民群众中收集自治议题的途径，并进一步健全了自下而上的自治议题形成机制，增强了居民的自治意识与素养；通过进一步搭建好党员服务群众的服务载体和平台，发现和培育社区骨干，塑造多元的积极行动者，为社区党建及自治工作增添新的活力。

（李炜永）

# 数字赋能篇

# 推进生活数字化转型　传递数字服务温度

全面推进城市数字化转型是践行"人民城市人民建，人民城市为人民"重要理念，巩固提升城市核心竞争力和软实力的关键之举。2020年底，上海市委、市政府公布《关于全面推进上海城市数字化转型的意见》，明确城市数字化转型要坚持整体性转变、全方位赋能、革命性重塑，统筹推进城市经济、生活、治理全面数字化转型。以生活数字化转型创造高品质生活是其中一项重要课题。围绕人民群众最迫切需求、最急难问题、最高频事项，着力打造需求精准响应、服务均衡惠及、潜能有效激发、价值充分实现的数字生活新图景。

## 一、背景情况

过去20多年，上海数字化发展历经了三步，较之起步期的"信息港"建设，而后的"智慧城市"塑造，如今，全面推进城市数字化转型更具革命性意义，代表了当今数字化实践的一种新模式。在数字化起步期，上海将重点落在夯实信息基础设施上，而后逐渐转向由政府引领、面向效能提升的智慧化。如果说，在这两个阶段，上海更多地是开展由点及面的数字化，那么，这一轮全面数字化转型，上海则将点和面的探索真正拓展为三维、立体、全方位的数字化实践，迅速给整座城市打上数字化烙印。"十四五"期间，上海进入高质量发展阶段，随着新一轮科技革命和产业变革深入发展，数字化浪潮正以不可逆转的趋势改变人类社会，上海面临的机遇和挑战都有新的发展变化，推进数字化转型势在必行。

一是应对全球数字变革的紧迫需求。全球跑出以"组织价值重塑"为特征的数字时代新速度，受新冠疫情严重冲击，数字化、智能化越来越成为推动经济社会发展的核心驱动力，正在深刻变革全球生产组织和贸易结构，重新定义生产力和生产关系，而世界各国和主要城市都在争夺数字化转型的领导权和话语权。

二是落实国家重大战略的必然要求。全国开启以"数字化转型整体驱动变革"为核心的数字中国新征程，以习近平同志为核心的党中央先后提出网络强国、数字中国、智慧社会、新基建等国家战略，"十四五"期间，中央坚持加快建设数字经济、数字社会、数字政府，以数字化转型整体驱动生产方式、生活方式和治理方式变革。

三是践行"人民城市"重要理念的现实追求。上海擘画以"引领未来发展"为目标的国际数字之都新蓝图，上海深入践行"人民城市人民建，人民城市为人民"重要理念，主动顺应和掌握数字时代新趋势，持续深化各领域数字化发展的先发优势，面向未来塑造城市核心竞争力。面对新发展阶段的新机遇新挑战，我们必须深刻认识到推动城市数字化转型的重要性和紧迫性，全面审视外部环境和自身发展条件，牢牢把握城市数字化转型这项事关全局、事关长远的重大战略，全力做好全面推进城市数字化转型这篇大文章，为加快建设具有世界影响力的社会主义现代化国际大都市奠定扎实基础。

近年来,上海着力推进智慧城市建设,基本形成新一代信息基础设施体系、数据资源利用体系、信息技术产业体系和普惠化应用格局,为全面推进城市数字化转型、着力打造数字之都奠定了坚实基础。主要成效包括:(1)数字基础设施建设全国领先,建成全国"双千兆第一城",固定宽带平均可用下载速率超过 50 Mbps,累计建设 5G 室外基站 3.2 万个,室内小站 5.2 万个。(2)数据资源利用效率明显提升,累计开放数据集超过 4 000 项,归集公共数据 237.7 亿条。(3)数字经济保持蓬勃发展势头,产业数字化能级不断提升,工业互联网融合应用成效显著,率先建成标识解析国家顶级节点,标识注册量突破 16 亿;数字产业化持续深化,集成电路、人工智能等产业规模不断扩大,在线新经济蓬勃发展。(4)数字公共服务体系不断完善,基本实现"高效办成一件事"。(5)数字赋能城市治理成效显著,建成市、区、街镇三级城运中心,实现"高效处置一件事"。

与此同时,城市数字化转型过程中还面临顶层框架设计亟待构建、核心要素价值亟待释放、持续推进机制亟待完善等一系列瓶颈问题。在全球数字化转型的背景下,上海必须抓住机遇,乘势而上,将信息化重心聚焦到全面推进城市数字化转型,坚持整体性转变、全方位赋能和革命性重塑。

## 二、主要做法

生活数字化旨在以数字化推动公共卫生、健康、教育、养老、就业、社保等基本民生保障更均衡、更精准、更充分，打造智慧医院、数字校园、社区生活服务等一批数字化示范场景。近年来，上海城市生活数字化转型带来的红利不断显现，越来越多的智慧型、数字化的应用场景融入上海市民的日常生活。坚持人本导向、应用驱动，以市民的健康安居、教育就业等需求为导向，打造更多具有牵引效应、示范效应的标杆场景，通过数字化推动各类基本民生服务提质增效，实现更精细、更准确、更及时的民生服务体验，兜住底线民生、保障基本民生、提升质量民生。

### （一）延伸"便捷就医服务"场景链

上海通过运用数字化技术，形成涵盖诊前、诊中、诊后全流程的数字化医疗新流程，着力打造智能进化、泛化连接的智慧医院。上海市卫健委选择11家试点市级医疗机构和4个试点区卫生健康委，推进《上海市"便捷就医服务"数字化转型工作方案》，实现重点推广场景全覆盖。在加快建设人工智能发展的"上海高地"过程中，上海通过扶持科创企业，让患者共享科技创新成果。利用人工智能技术对医院的数据，尤其是病例数据进行自动分析，进而帮助医生降低漏诊、误诊，提高效率和安全性。

黄浦区推出"便捷就医服务"2.0场景，打造门诊智能分诊导诊、智能院内导航、智能识别通行、医疗收费电子票据、智能诊后管理、基于区块链技术的中药代煎配送、便民"一键呼救"等服务场景，优化公众就医体验。做优黄浦"中药云"标杆，完善中药饮片前置审方等功能，牵头打造上海"智慧中药云"网上平台，使用一部手机，完成从挂号就诊，到中药免费配送到家的全过程。该系统统筹整合区域内中医药资源，提升医院效率，监管药企质量，大幅度改善广大群众的就医体验。真正使中医药服务让"病人舒心、医院安心、政府放心"。推进电子健康档案应用水平升级，加快家庭医生、中医管理、全科诊疗、康复管理、家庭病床等系统资源整合和流程再造，满足市电子健康档案应用水平等级测评五级要求。推进"医保电子记录册"和"医保电子凭证"应用，实现"脱卡""免册"就医和购药。落实电子票据全面应用要求，加快医疗费报销"无纸化"。

### （二）打造"数字家园"安居港湾

黄浦区围绕打造数字家园，积极推进生活基础设施优化、探索数字养老模式、加快信息无障碍建设。智能充电桩、智慧"微菜场"、智能快递柜已经走进百姓生活，社区"15分钟生活圈"基本形成。居家智慧医养服务模式不断完善，构筑起线上线下全程医养服务体系，为长者"老有所养""老有善养"提供了有力依托。区政府门户网站和政务App正在进行适老化和无障碍改造，以满足不同类型受益群体的信息获取需求。在社区出入口设置智慧社区服务基站，可以实现手机扫码开门、刷卡开门、随申码开门，所有人员进出均留下记录，确保可溯源，提高社区安全度。同时，为解决居民在小区到处找车位的难题，驾车居民在进入社区前，可在手机小程序上查询到社区内各个停车位的状态，从而实现精准停车。黄浦区推进多元主体融入城区数字治理。城市治理"最小管理单元"由南京大楼纵向延伸至田子坊景区、瞿溪路沿街商铺等多元市场主体，横向拓展至春江小区的自治、业委会、物业管理等治理主体,提供消防安全、大客流安全、高空抛物等 20 多种数字治理解决方案,探索出一套可复制、可推广的城市安全管理新机制,实现从"感知一栋楼"向"联接一条街、智能一个区、温暖一座城"的目标推进,彰显城区守护精度、温度、力度。瑞金二路街道通过视频 AI 智能识别,实现垃圾滞留、电瓶车进楼道、消防通道占用等各类违规事件"早发现、早报告、早控制",构建"少观—多管—严防"的治理体系,形成减巡增处、降诉提效的精细化治理格局。

**(三)建设信息化标杆学校**

作为全国教育数字化转型试点区和国家智慧教育平台首批试点省份之一,上海近年来持续推进教育数字化转型,一系列运用数字化工具支撑教育教学创新、赋能育人模式变革的实验和探索已经在各级各类课堂陆续展开。推进线上线下融合教学、智慧课堂、家校互动、基于虚拟现实技术的教学实训等场景,探索基于学科知识图谱的自适应学习、个性化教育评价等智能应用。推进教育新基建,融合 5G 打造"云—网—边—端"一体化的教育数字基座,推进数字校园建设。黄浦区不断深化课堂教学与虚拟现实、人工智能技术融合的"人机协同",打造基于多媒体三维交互的沉浸式课堂、基于大数据精准教学的数字课堂,激发学生学习兴趣,提升课堂教学效率。推动卢湾一中心小学互动课堂、大同中学教学大脑与教学助手、卢湾高级中学机器人物联网学习实践教研开发、格致中学智能教育等场景建设,开展教与学全过程的伴随式数据自动采集、汇聚、分析和评价,完善数字画像体系与教学决策平台，实现精准化教学、个性化学习、智能化决策。

### （四）实现智慧出行

探索政企联合机制，融合地图服务、公交到站、一键扬招、共享单车等既有出行服务系统，推进一站式出行服务系统建设，实现行前、行中、行后等出行环节的全流程覆盖。2020年9月底，上海市出租车统一平台"申程出行"上线，兼具线上线下功能，可以帮助老人"一键叫车"。不用输入目的地，只要按下按钮，出租车就来到身边。数字化手段助力缓解就医停车难，新华医院、瑞金医院等30多家医院陆续在"上海停车"App上线"停车预约服务"，通过停车预约，市民可以在出行前有准确、透明、及时的信息，便于做出合适的出行选择。南步公司上线"玩转南步街"AR商业导览导购App，融合步行街商业信息、旅游线路、历史文化、潮流元素，实现智能导购、虚拟广告牌、商场导航等功能，推动线上导购线下消费。"复兴-颂"等6家单位入选黄浦区首批数字化转型场景体验中心，通过提供一些示范性强、科技感足、感知度高的数字化转型场景体验，吸引更多市民游客打卡，让数字化转型更加可感、可知、可及。

### （五）加快智慧早餐工程建设

2021年，上海加快布局数字早餐门店，通过"加载"智能取餐系统，引领行业数字化转型。提前在手机上下单，早上可以直接扫码打开无人售卖机吃上一份热气腾腾的早餐。"网订店取""网订柜取"

等场景为传统的早餐注入几分"科技感"。2021年12月16日,上海"早餐地图"正式上线运营,用户可在"随申办"App、"随申办"微信、支付宝小程序上搜索"早餐地图",查询全上海的早餐服务网点。早餐地图的建设也引导企业加快布点,今年本市中心城区和郊区城镇化区域基本实现每隔1 000米左右设有早餐网点、居民步行15分钟左右可达早餐供应点的目标,基本满足市民群众早餐需求。

**(六)提升"智慧养老"服务能级**

上海老龄化程度高,未来对老年人的照护是非常重要的问题。以基础社会保障需求为重点,聚焦老年人、残障人、低收入等弱势群体就医、出行、居家、文娱、学习等需求,通过数字化提升服务触达性和精准度,弥补"数字鸿沟",构建市场与政府相互补、居家社区机构相协调、医药康养相结合的养老服务体系。

黄浦正在打造的"1+2+N"数字化养老服务场景,提升全区整体的养老服务效率。推出"智慧养老"服务小程序,通过小程序,老人动动手指就可以查阅娱乐、健康、生活、养老顾问、政策解读等综合服务内容,还可以进行创新服务预约享受上门服务。此外,老人们还现场体验了健康码智能核验系统。当老人进入公共场所或参加活动时,可以通过人脸识别或使用身份证、敬老卡、医保卡等常用证件作为验证方式,避免了老人因不会使用智能手机,无法出示健康码造成的不便。半淞园路街道首创智能化养老应用平台,创新打造了"云上养老合作社",围绕"医、食、助、兴"四大板块在云端承包了老年居民的生活需求。尤其注重关爱老年人的精神文化需求,与社区市民学校、街道红十字会、慈善超市等组织合作，开设"老年红十字志愿者培训""爱手作""慈善公益文化传播"等培训和活动，制作成单列项目供老人选择。有的社区为老人家中安装的"智慧水表"，12个小时不走字就会自动报警。"门磁系统""烟感报警""红外监测"也成为不少社区守护独居老人的"利器"。

## 三、经验启示

全面推进城市数字化转型是上海一项持续用力、持续创新的重大战略，也是全新课题、系统工程，为上海打造具有世界影响力的国际数字之都定下基调，"生活数字化"与每个人的生活息息相关，人民群众的感受度更深。让数字技术全面融入社会交往和日常生活，公共服务和社会运行方式不断创新，才能形成全民畅享的数字生活。

### （一）坚持以人为本，着力提升生活品质

人、空间和活动是推进城市数字化转型中需要关注的三个要素，其中最主要的还是"人"。生活数字化转型是践行人民城市重要理念的有力抓手，根本上是为了人，关键要有体验度。新技术只是提供了基本条件，能不能真正实现转型还需要管理手段、管理模式和管理理念的创新。要坚持人本导向，通过新技术的发展，更好解决城市发展过程中普通人的需求问题，以需求带动城市发展。强化应用牵引、数据赋能、关键支撑，加快形成一批群众最关心、最直接、最受用的生活数字化应用，让大家切身感受到城市数字化转型带来的实际成效。

要把以人为本的理念贯穿到生活数字化转型的全过程、各领域，以人的需求为导向，从用户视角出发，充分考虑人的体验，让广大市民可感、可知、可及，更好满足人民对美好生活的向往。

### （二）坚持问题导向，聚焦高频急难需求

推进生活数字化转型，要坚持问题导向、应用为要，聚焦高频急难事项选对应用场景，聚焦难点堵点找到解决方案，聚焦重点突破形成示范标杆。要广泛听取市民和基层一线的意见建议，找准群众生活中的最迫切需求、最急难问题、最高频事项，形成主攻方向和场景清单。在场景发现、应用设计、具体实施过程中，要从群众方不方便、体验度好不好的角度来审视问题、重构流程。要满足人的多样化需求，不断提升底线民生的均衡性、基本民生的精确性、质量民生的多元性，不断满足新需求、创造新体验。重视解决老年人等特殊群体数字鸿沟问题，让每个市民都能享受数字红利。要把人的感受作为最终评价标准，建立群众评价机制，以人的需求推进数字生活的"进化"。企业成为促进生活数字化转型的主体力量，生活数字化转型成为经济发展的重要驱动。

### （三）坚持流程再造，提高数据赋能水平

要紧扣数字技术、数字底座、制度规则等关键，为城市数字化转型提供有力支撑。要深度挖掘数据资源，推进数字流程再造，加快数据开放利用，不断提高数据赋能水平。运用大数据思维，精准对接市民需求和服务资源，提升民生服务的精准性、充分性和均衡性。以最

前沿的技术驱动全面打造数字家园，加快推进便捷就医、移动出行、数字菜场、数字商圈、智慧物流体系等标杆应用。建立场景"揭榜挂帅"建设机制，充分发挥企业主体作用，形成新技术比武台和新模式试验场。通过开放场景招商育商，以场景建设带动产业发展。要抓牢"牛鼻子"工程，打造一批具有牵引效应、示范效应的标杆场景项目。坚持成熟一个推广一个，由点上突破带动面上提升，形成生活场景链和特色示范区，不断提升市民整体感受度。加强制度供给，坚持包容审慎、鼓励创新的理念，保护人民群众的正当权益和市场主体的创新动力，确保城市数字化转型蹄疾步稳。要守牢数据安全底线，运用先进技术，完善保障机制，构建城市数字安全保障体系。

（陈　怡）

# "云上养老合作社":
# 数字赋能社区居家养老

随着第四次工业革命走向纵深，人类社会发展进入数字时代。在数字化转型背景下，基于技术赋能的治理服务创新一方面取得了显著的成效，另一方面也挤压了数字弱势群体的生存空间，无论是从技术应用还是从供求关系角度都存在着碎片化、供需脱节等现象，老年群体"数字鸿沟"的问题更加突出。国家"十四五"规划纲要明确提出，"实施积极应对人口老龄化国家战略"；2021年《上海市养老服务条例》提出，在老年人生活、办事、出行、就医等高频领域积极开展"长者智能技术运用能力提升行动"计划，让更多老年人跨越"数字鸿沟"。黄浦区半淞园路街道党工委结合智慧社区建设，主动开拓思路，丰富传统的治理手段，针对社区养老问题中老年人数量多、需求多样化、供需不匹配等问题，运用大数据思维，在全市首创智能化养老应用平台，创新打造"医食助兴"为核心的"云上养老合作社"，将现代化技术与传统治理方式相结合，深化养老服务供给侧改革。利用互联网技术手段推行智慧养老，加快信息无障碍建设，帮助老年人、残疾人等群体共享数字生活，助力老年群体跨越数字鸿沟，更好实现和提升社区养老服务工作的能力和水平。

一、背景情况

根据国家统计局最新发布的 2021 年第 7 次人口普查数据，我国 60 周岁及以上的人口已经达到 2.64 亿，占比为 18.70%，其中 65 周岁以上的有 1.91 亿人，占比已超过 13.50%。从超大城市的人口结构看，上海常住人口中 60 岁及以上的人口占比为 23.38%，是我国所有超大城市中最高的。与此同时，第 48 次《中国互联网络发展状况统计报告》调查数据显示，截至 2021 年 6 月，我国网民规模已接近 10 亿，其中，50 岁及以上的网民群体占比为 26.3%。[1] 地处上海市中心的半淞园路街道面积 2.87 平方公里，常住人口 9.3 万，是典型的大型居住型社区，成套率达 90% 以上，新建小区占 54%，社区老龄化程度高，60 周岁及以上老人占辖区户籍人口的比例接近 40%，高龄纯老和老龄独居现象突出，呈现"老龄人口增速快、深度老龄化明显"的特点。人口密度高、老年人数量多、场地少不仅意味着社区养老压力大，也意味着老人对居家养老生活的需要也变得更加多样化、品质化、新型化。数字化智能化技术在社会生产与生活领域的快速应用，对公共治理和社会治理产生了积极影响，然而，由于大部分老年人受年龄和受教育程度的影响，不会使用互联网、不会操作电脑、不会使用智能手机等现代技术设备，在日常的消费、出行、就医等场景中遭遇诸多不便，并没有享受到数字化转型带来的便利性服务，也

---

[1] 《第 48 次中国互联网络发展状况统计报告》，http://www.cnnic.cn/hlwfzyj/hlwxzbg/hlwtjbg/202109/P020210915523670981527.pdf。

给当地的养老服务工作造成了许多困境。如何满足老年人的社会需求，提升老年人的生活品质和幸福感成为一个十分重大而紧迫的现实命题。半淞园路街道党工委在工作实践中认识到，"人民城市人民建，人民城市为人民"的重要理念对中心城区街道的社区养老工作具有同样重要的理论指导意义，满足老年人的社会需求，提升老年人的生活品质是践行人民城市理念的重要方面。半淞园路街道创新打造的"云上养老合作社"，着眼于养老服务的聚焦管理，真正实现惠老政策一体化落实，养老服务过程一体化跟踪，服务质量一体化监控，让养老为民服务工作做到数据可视可查。借助这一创新平台，半淞园路街道逐步建成了普惠式社区养老与"10分钟"生活服务圈相协调的社区养老工作新格局，形成了具有区域特色的智慧养老典型示范。

上海"十四五"时期城市数字化转型"1+4"目标体系提出，到2025年，上海全面推进城市数字化转型取得显著成效，对标打造国内一流、国际领先的数字化标杆城市。黄浦作为上海的心脏、窗口和名片，深刻认识全面推动数字化转型的重大意义，积极研制数字化转型三年行动计划，从更高纬度理解数字化转型含义，以更强力度破解城市数字化转型难点，推动城区经济、生活、治理全面数字化转型，建设共治共享的"数字黄浦"。数字赋能社区居家养老服务是生活数字化转型的重要抓手，半淞园路街道在大数据的时代背景下，进一步升级传统养老服务供给，将互联网与社区养老结合，整合各类社会资源，提高资源的利用效率和服务质量，探索符合超大城市特点的养老服务实践。

## 二、主要做法

关于养老问题的破局方向，各地、各方都在积极探索之中。其中，上海市 2005 年率先提出构建"9073"养老服务格局的发展思路；2014 年进一步提出建设涵盖"养老服务供给体系、保障体系、政策支撑体系、需求评估体系、行业监管体系"的"五位一体"养老服务发展目标；2021 年《上海老龄事业发展"十四五"规划》明确提出"科技革命和产业变革推动老龄事业发展深刻转型""推广智慧养老应用"等。从"9073"到"五位一体"再到"智慧养老"，上海市不断探索养老服务发展的新思路，尝试构建和不断完善养老服务体系。作为上海市乃至全国智慧养老建设的先行者，半淞园路街道数字赋能社区居家养老服务建设发展的整体情况可以看作是我国智慧健康养老模式发展的一个缩影。

### （一）搭建数字平台，拓展社区养老新思路

作为数字赋能社区居家养老服务的一项创举，半淞园路街道于 2020 年 10 月推出了"云上养老合作社"。"云上养老合作社"是近年来半淞园路街道一直在持续打造的"没有围墙的养老院"，是以社区养老合作社为基础，以最新的"智慧半淞园"建设成果为动力，着眼于社区养老和居家养老服务的项目平台，是针对不断增加的为老服务项目需求，深化养老服务供给侧改革，利用互联网技术手段推行智慧养老，构建新型社区养老的综合应用平台。该平台由作为第三方的科技公司负责搭建，并提供技术支持，创新之处在于通过构建数字化社

区养老综合应用平台及比较完整的产品和服务供应链，整合政府及社会养老资源，解决社区居家养老"最后一公里"问题，为街道居民提供智慧化、个性化、适老化的新生态养老服务。

综合来看，承接平台建设任务的科技公司基本满足项目条件要求。从技术实力水平来看，该公司目前已通过高新技术企业双软认证，为上海市软件行业协会会员，并且拥有7项计算机软件的著作权，技术条件较为成熟；从服务运营与政商合作经验来看，该公司曾获得中国老年福祉产品设计大赛铜奖，并成功地为浦东新区、徐汇区民政部门提供养老服务平台，具备较为完整的智慧养老解决方案以及标准的养老管理经验。"云上养老合作社"为22个居委、3.3万老人提供一个社区共享模式的运营平台，以街道微信公众号为接入口，将街道"云上养老合作社"嵌入"淞园生活——智慧养老"栏目。社区老人通过移动端进入为老服务的"医、食、助、兴"四大应用板块，将智慧医养、社区长者食堂、各类助老服务项目和培育拓展暮年夕阳多姿生活等内容融为一体。在养老合作社里，各大养老服务商通过此平台，及时对接老人需求，提升为老服务的集约度和精细度；半淞园路街道则实现实时监管，了解掌握供需双方的情况，通过"云上养老合作社"这一平台，筑巢引凤，不断引进各类为老服务机构和组织，不断满足社区居家养老的需求。平台小程序上线至今，注册人数累计超过12 400人，老年人助餐试点从6个居委会扩大到11个。2020年12月份通过申请的助餐老人数为779人；2021年1月份通过申请的助餐老人数增加到1 011人。同时，为老服务机构数量由8家增至49家，不少国企、上市公司纷纷主动加入。其中，仅老年人助餐项目（社区长者食堂加盟店）就由原来2家增至7家，单日服务从500人（客）提升和保持在日均2 000人（客）左右，平台各服务供应商可服务人数大于1万人，基本能实现日常生活全覆盖。

## （二）创新服务模式，增加养老服务供给

"云上养老合作社"平台启用以来，半淞园路街道围绕平台"医食助兴"四大板块开展个性化为老服务。

"食"板块上线半年里，加盟社区食堂的社会餐饮企业数量就增加到7家，每日助餐量增加到2 000份以上。同时，半淞园路街道还配套设立了23个居民区助餐点，进一步覆盖周边老人，方便就近用餐，平台目前已实现食堂到老人家庭的直送服务，连锁助餐区域显著扩大。居民可以在小程序中选择长者食堂就餐，并享受助餐福利政策：60周岁以上享受助餐服务和充值优惠；75周岁以上人户一致的老人还享有政府提供的电子助餐券。

"医"板块专门围绕健康养生服务展开，重点围绕老年人健康养生服务，开设公益问诊、我要买药、慈善检测、健康档案四个板块，社区每两周开设一次公益问诊，邀请医院专家免费坐堂开诊，通过公益检测设备的数据分析，每位老人通过平台都可以拿到一份详细的健康档案，并通过志愿者的细心解读让大家对身体潜在的一些问题有直接的了解；满足条件的居民可以在平台上提前预约挂号，凭医保卡可当场支付费用，同时还可享受便捷的配药送药服务，解决了老人就医不便的现实需求；遍布全市的第一医药连锁药店，对平台上下的每一笔订单承诺"即刻送达"。

"助"板块包含日托助养、辅具租赁、爱助生活、慈善超市等服务内容,将原来街道签约的为老服务机构,如好帮手、乐龄健身馆、康乐家等服务内容全部上线,鼓励社区老人按需购买线上为老服务,街道则将为老服务资金"变身"为各种福利券,鼓励社区老人按条件申请资助,即实现社会组织服务老人覆盖的最大化,也实现政府为老服务的普惠化。

"兴"板块与社区市民学校、街道红十字会、慈善超市等组织合作,将"老年红十字志愿者培训""爱手作""慈善公益文化传播"等培训和活动,制作成一个个单列项目供老人选择,丰富和满足老年人的精神文娱生活需求。

例如,如何让老年居民在社区生活中体会到夕阳关怀?许多选择了社区养老、居家养老的老年人,越来越想走出家门,丰富自己的晚年精神生活,尤其对于文体娱乐活动有了更多的需求。半淞园路街道以"云上养老合作社"为平台,老人在"兴"板块选择"爱手作"项目,并依托西凌家宅路72—74号"零距离·乐荟苑",开展手作兴趣班,丰富长者精神文化生活。乐荟苑是半淞园路街道设立的为老服务场所,由上海瑞福养老服务中心负责日常运营。乐荟苑以居住在西凌新村、年满60周岁以上的长者为服务对象,提供贴近长者切实需求的公益服务。手作兴趣活动不只是年轻人的领地,老年人经验丰富、时间充裕、淡泊名利,通过"重拾童趣"手作兴趣班,丰富了老人的晚年生活,并使得老人从悦己助人的活动中体现了自我价值。通过"重拾童趣"手作兴趣班,半淞园路街道构建了一个喜欢动脑并乐于实践、热心互动的社区公益活动空间。

**（三）整合社会资源，做好精细化为老服务**

一直以来，"食"是半淞园路街道"云上养老合作社"平台的主要板块之一，就餐功能最大的特色和亮点是它的社会化。

一是引进多家服务商。半淞园路街道在全市首创将社会餐饮企业通过智能化综合应用平台"加盟"为社区长者食堂，首批加盟社区长者食堂的是豫园集团下属的大富贵酒楼在半淞园路地区的连锁店，以及东鼎投资公司员工食堂，加上小绍兴和街道综合为老服务中心内的社区长者食堂，助餐服务数量也从原来每天500人次增加到1 500人次左右，花色品种也增加了不少。社区长者食堂以定时定量发放电子助餐券为特点，变贴经营者为贴就餐老人，优化社区长者食堂补贴结算方式。扫码抵扣实现特定补贴对象就餐，对"人在户在"、年满75周岁以上的特定补贴对象，直接发放每人每月定额电子助餐券到老人个人账户里，在街道社区长者食堂及加盟社会餐饮企业就餐时通过扫码抵扣可实现助餐。为了满足更多老人的就餐需求，这些服务商提供助餐送餐到家服务，既有"营养套餐"，也有专门为糖尿病人定制的"控糖套餐"，全方位照顾到老人的就餐需求。

二是优化板块服务内容。半淞园路街道抓紧联合平台运维方和各家为老服务供应商（既有原来签约的第三方社会组织、民非等，也有豫园、淮海、百联等集团旗下的品牌方），加快推出其他板块服务内容，不断优化和简化操作流程，让社区老人们能用、好用、爱用，进一步打造有半淞园路街道特点、普惠式社区养老和居家养老、"10分钟"生活服务圈相协调发展的社区养老工作新格局。比如："医"板块，街道打通了第三方支付瓶颈，对接淮海集团下属的"上海药房"，第一医药旗下的"百联到家"App，完成相关注册和送药地址后，就可以放心体验"足不出户，送药到家"的购药服务，同时通过在线商家咨询热线，还可以得到各类非处方药使用、滋补品使用方法等各种使用需知的咨询服务，并提供售后服务保障，让老人可以在线买得放心，为老人的养老生活带来更多的健康保障。

三是加强质量监管。街道负责对入驻平台服务供应商实施严格的监管措施，确保平台使用高效安全。入驻平台服务供应商首先必须具备正规运营资质，符合国家各类服务商标准，缴纳保障金并购买保险方可入驻，入驻后需集体签订并遵守《服务公约》，老年人在享受完服务后，通过"打星"来评价服务质量。街道和政府管理部门实时对供应商服务内容和质量进行监管，定期开展资质审查，包括用户选择率、响应速度、服务评价等维度，审查得分过低将采取整改、警告、下架直至拉入黑名单不再选用等措施。

**（四）弥合鸿沟，助力银龄乐享晚年**

"微信用不来，怎么给自己预约挂号？"为解决部分老年人不会使用智能手机、平台注册有困难以及无法及时了解最新活动和内容更新等问题，街道还引入社区管家机制，建立了一支以居委干部、社区志愿者和小区楼组长为主体的社区管家队伍，参与平台后台管理，并举办了30多场次的平台注册和操作培训，通过他们再发动身边的老年居民加入"云上养老合作社"，社区管家能面对面地帮助老年人注册使用平台，推广平台为老服务功能，及时宣传最新惠民活动，有效弥合了数字鸿沟，增强了用户黏性，提高了平台使用效率和用户满意度。发挥服务供应商联盟每家成员单位的作用，整合丰富的服务资源，线上线下结合起来共同推动社区老人"入社"，跨越"数字鸿沟"、体验数字化养老。联盟还主动利用新冠疫苗接种契机，在接种留观区连续举行地推出活动，吸引了一大批居民围观和"入社"，其中还有不少是外区外街道的居民，目前平台每天的活跃用户数也基本保持在1 500人左右。普通的社区老人，通过手机移动端体验数字居家养老的生活，动动手指，线上的公益问诊和送药到家已经一一实现。

以公益问诊为例。"年纪大了腿脚不便，排队挂号等待时间太久。""如何在家门口享受到专家级的诊疗服务"，这是老年人普遍关心的一个问题。半淞园路街道的综合为老服务中心开办了一场特殊的公益门诊，来自上海中医药大学、附属龙华医院、普陀医院的专家主任医师免费坐堂社区开启了公益问诊。"街道真厉害，这些特需专家也能请到社区来！""这些医生的特需门诊不要太难挂哦！"……这样的议论声此起彼伏，老人的脸上既是惊讶，又是开心。工作人员一边忙着挂海报，一边跟老人们讲"快去注册云上养老吧，线上预约问诊时段，带好医保卡，可以当场进行费用支付和配药送药服务的"。一位老人有感而发："这个问诊真不错，之前我去龙华医院看病，儿子从早上6点陪着挂号，普通门诊700多号排到下午3点才看病，我连上厕所和吃午饭都要和儿子换着来，一天下来人也累死了，现在社区有，人又少，还是特需专家，我看病都不要人陪，要是常办就好了！"街道通过"云上养老合作社"这个平台，充分发挥各方资源优势，通过更多权威医生的诊疗服务，缓解了辖区内老人各科专家挂号就医难的问题，为社区老人提供了更加契合实际、更加人性化的养老服务。

## 三、经验启示

全面推进城市数字化转型为上海打造具有世界影响力的国际数字之都定下基调，如何让智能化真正为老服务，让时代发展的红利惠及越来越多的老人。上海正在用润物细无声的方式，探索实践着"智慧养老"的方方面面，半淞园路街道"云上养老合作社"的实践为积极老龄化视域下数字赋能养老模式的创新提供了有效的经验借鉴。

### （一）坚持以人为本，积极回应民生需求

党的十八大以来，我们始终坚持"以人民为中心"的发展思想，强调开展一切工作都要把人民放在中心地位，以人民满意与否为衡量标准。2019年，习近平总书记考察上海时提出了"人民城市人民建，人民城市为人民"的重要理念。这一理念旗帜鲜明地体现了在城市发展与建设的过程中"人民"的主体地位和价值导向。真正回答了城市建设与发展为了谁、依靠谁的根本问题，深刻阐释了要创建怎样的城市以及如何建设城市的重要命题，有力彰显了社会主义现代化国际大都市的人民属性，更是赋予了在新时代上海建设"人民城市"的崭新内涵。生活数字化转型是践行人民城市重要理念的有力抓手，根本上是为了人，关键要有体验度。一切以人的体验、感受为落脚点，这是推动"城市"数字化转型的初心所在，亦是检验其成功与否的标准所

在,也就是说,技术性的转型背后,是机制性的改革升级,以及观念性的重塑革新。而这也是推进各类民生事务时的应有遵循——善于以换位思考、移位思考来强化用户思维,并由用户视角作出科学决策。转型并不只是某一个领域的单兵突进,更不应被简化为硬件层面的投入升级,进而窄化为简单的"信息化"。因此,黄浦在推进生活数字化转型的场景发现、应用设计、具体实施过程中,要始终坚持民生需求导向,以满足市民多元需求和提升市民幸福感为出发点,找准群众生活中的最迫切需求、最急难问题、最高频事项,形成解决方案、优化服务品质,真正把以人为本的理念贯穿到数字化转型的全过程、各领域,从用户视角出发,充分考虑人的体验,让数字化转型成为广大市民可感、可知、可及的便民事项,更好满足人民对美好生活的向往。

**(二)多元主体参与,优化服务供给**

在公众对公共服务的需求日益多样化和服务水平要求不断提高的背景下,仅仅依靠政府提供公共服务已无法有效满足公众多样化和多层次需求,让社会组织深度参与公共服务供给成为必然趋势,也是新时代社会组织发挥桥梁纽带、战斗堡垒作用的集中体现。"云上养老合作社"作为上海市乃至全国智慧养老平台建设的先行先试,目前仍处于探索发展阶段,在建设规划中,平台的一大亮点就在于"合作社"。不同于传统居家养老服务建设中政府唱"独角戏"的工作格局,"合作社"的突出特点是体现政府、市场、社会共同参与的新格局。具体来讲,即政府扮演主导者的角色,监管、指导平台的运作;街道自身与社区扮演资源整合者的角色,整合各方资源并通过平台传输给被服务对象;市场扮演资源提供者角色,在各方的监督下有序提供各类资源服务;社会则扮演补充者的角色,发挥其独特作用。在生活数字化转型过程中,要进一步明确政府和市场的关系。以政府为主导,推动数字化应用场景构建和相关惠民政策整合落地;以生活数据应用需求为牵引,鼓励更多拥有配套资质的企业、服务机构、社会组织等共同参与数字化平台运营,充分释放市场活力,以社会多元化资源有效缓解政府单一服务不足的局限性;同时政府也应对数字化公共服务供给情况进行全流程监管,实时获得公共服务的绩效反馈,形成准入可退的淘汰机制,切实保障公共服务供给的品质。最终形成政府、市场、社会共同参与,政策一体化落实、过程一体化追踪、质量一体化监控的数字化服务体系。

**(三)弥合"数字鸿沟",提升智能科技温度**

城市数字化转型无疑是一次升级,但绝非为升级而升级,其终极比拼并不是比"酷炫",也不是单纯地比"高精尖",而要比效果。效果之于城市治理,体现为解决问题的效能;之于生活,就体现于便利度、满意度、体验感,体现在是否管用而贴心。坚持科技向善、科技以人为本的理念,在做好信息无障碍的同时,持续为老年人赋能,使得全体老年人能够更加自主、更加均衡地融入经济社会发展,享受科技带来的数字红利,实现老龄社会共建共治共享的目标。在新冠疫情防控中,老年人对智能化服务的运用问题引起了社会广泛关注。2020年12月,国务院办公厅印发了《关于切实解决老年人运用智能技术困难的实施方案》，提出了多项破除老年人"数字鸿沟"的具体举措。科技的发展要做到惠及全体人民，不让任何一个人掉队，其中关键是要促进老年人对智慧科技的运用能力及水平，提升智慧科技的温度。在生活数字化转型场景的发现、应用设计、具体实施过程中，应考虑满足人的多样化需求，尤其要重视解决老年人等特殊群体"数字鸿沟"问题，构建虚拟与现实融合的互动体验式学习场景和模拟场景，充分发挥信息助力员和数字体验官作用，深入社区、网点，为老年人等特殊群体运用智能技术提供咨询和帮办，普及智能手机等设备的操作方法和网络基本常识，同时不断升级改进智能化的设备和应用软件，使其更符合老年人等特殊群体的使用习惯，操作更加便捷。切实解决老年人等特殊群体在运用智能技术方面遇到的困难，有效弥合数字鸿沟，让每个市民都能享受数字化转型带来的数字红利。

（武瑞烜）

# 后　记

推进基层治理现代化是一项复杂的系统性工程，是一场广泛而深刻的社会革命，需要不断适应新时代新征程的新要求，在基层治理的理念、方式、制度、载体等多个层面全方位持续创新实践。本书中16个典型案例也只能呈现黄浦区基层治理创新实践的部分阶段性成果。我们坚信，这些案例所蕴含的制度性经验成果也必将随着时代发展而不断丰富完善，而且随着基层治理创新实践的深入推进，更多超大城市基层治理中国式现代化的"黄浦样本"将不断涌现。

本书的编著得到了中共上海市黄浦区委组织部、区委宣传部、各街道和相关企业集团等众多单位的鼎力支持，他们为本书提供了宝贵的一手丰富材料，并提出了许多建设性的意见建议。上海社会科学院出版社为本书的出版给予了大力支持。在此，一并表示衷心的感谢！

由于时间较为仓促，加上作者水平较为有限，本书难免存在一些不完善的地方，欢迎广大读者批评指正。

图书在版编目(CIP)数据

善治微观 ：中国式现代化的黄浦基层治理新实践 / 中共上海市黄浦区委党校（区行政学院）编著 .— 上海 ：上海社会科学院出版社，2023
 ISBN 978－7－5520－4069－2

Ⅰ．①善… Ⅱ．①中… Ⅲ．①地方政府—行政管理—研究—黄浦区　Ⅳ．①D625.513

中国国家版本馆 CIP 数据核字(2023)第 072471 号

---

**善治微观**
——中国式现代化的黄浦基层治理新实践

编　　著：中共上海市黄浦区委党校(区行政学院)
责任编辑：董汉玲
封面设计：周清华
出版发行：上海社会科学院出版社
　　　　　上海顺昌路 622 号　邮编 200025
　　　　　电话总机 021－63315947　销售热线 021－53063735
　　　　　http：//www.sassp.cn　E-mail：sassp@sassp.cn
照　　排：南京理工出版信息技术有限公司
印　　刷：浙江天地海印刷有限公司
开　　本：710 毫米×1010 毫米　1/16
印　　张：15.25
插　　页：2
字　　数：176 千
版　　次：2023 年 6 月第 1 版　2023 年 6 月第 1 次印刷

ISBN 978－7－5520－4069－2/D・686　　　　　　　定价：80.00 元

版权所有　翻印必究